Wo De Zhongguo Kuangye Qingyuan
YU RUSHOU

于汝绶

Wo De Zhongguo Kuangye Qingyuan

YU RUSHOU

# 我的中國礦業情緣

于汝綬

中国矿业大学出版社

**图书在版编目(CIP)数据**

我的中国矿业情缘 / 于汝绶著. —徐州 ：中国矿业大学出版社，2017.12

ISBN 978-7-5646-3882-5

Ⅰ.①我… Ⅱ.①于… Ⅲ.①于汝绶—传记 Ⅳ.①K826.16

中国版本图书馆 CIP 数据核字(2018)第 003677 号

**书　　名** 我的中国矿业情缘

**著　　者** 于汝绶

**责任编辑** 孙　浩　齐　畅

**责任校对** 孙　景

**出版发行** 中国矿业大学出版社有限责任公司

（江苏省徐州市解放南路　邮编 221008）

**营销热线** (0516)83885307　83884995

**出版服务** (0516)83885767　83884920

**网　　址** http://www.cumtp.com　**E-mail**:cumtpvip@cumtp.com

**印　　刷** 徐州绪权印刷有限公司

**开　　本** 850×1168　1/16　**印张** 6　**彩插** 56　**字数** 160 千字

**版次印次** 2017 年 12 月第 1 版　2017 年 12 月第 1 次印刷

**定　　价** 86.00 元

（图书出现印装质量问题，本社负责调换）

1937 年 6 月 6 日于汝绶在南京市立第三中学高中毕业合影

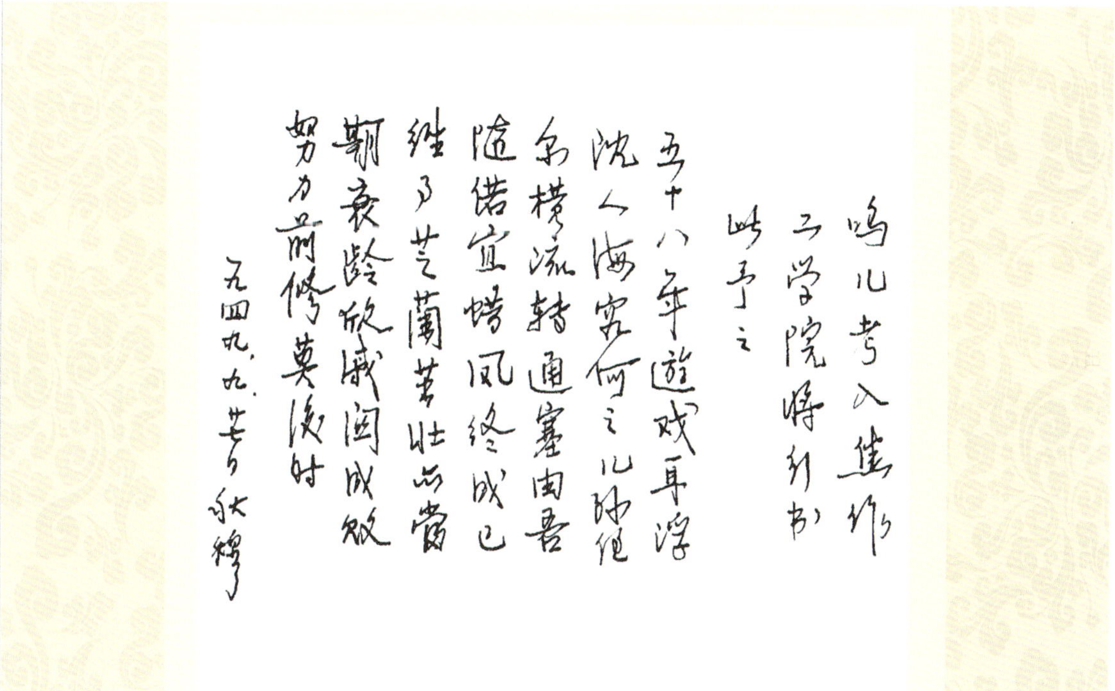

1949 年 9 月 27 日于汝绶父亲（于秋穆）得知儿子考入焦作工学院将行前的题字

1955 年 7 月于汝绶与新婚妻子陆美玲在北京

1955 年 11 月于汝绶与妻子陆美玲在北京

1958 年 4 月 28 日于汝绶和妻子陆美玲在北京与大儿子于子刚合影

1959 年 3 月 15 日于汝绶和妻子陆美玲在北京矿业学院与两个儿子的合影

1963 年 1 月 28 日于汝绶和妻子陆美玲在昆明与儿子们的合影

1970 年 1 月 28 日于汝绶和妻子陆美玲在昆明与孩子们的合影

1978 年 7 月于汝绶和妻子陆美玲在云南昆明与孩子们的合影

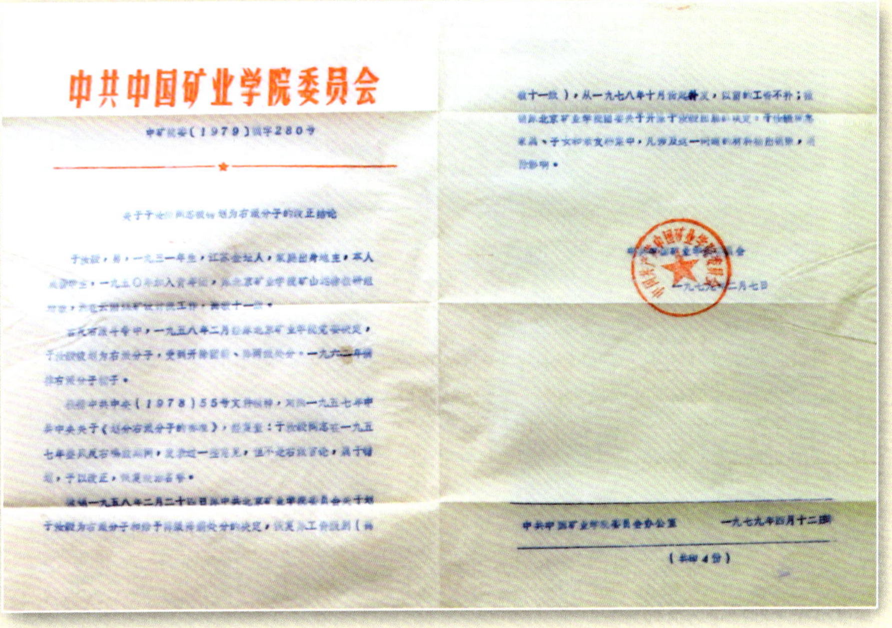
中共中国矿业学院委员会

(1979)

一九七九年四月十二日

于汝绶“右派”改正结论

1984 年 11 月 15 日于汝绶在美国旧金山大桥

1987 年 8 月 1 日于汝绶在美国旧金山

1987 年 8 月 17 日于汝绶在美国旧金山唐人街

1987 年 8 月 29 日于汝绶在美国纽约

1987 年 8 月 19 日于汝绥访美参观美国 SM-4200 in lesfing at San-Mingew

1987 年 8 月 17 日于汝绥在美国 Codero 露天矿

1987 年 8 月 24 日于汝绥在美国中部圣路易斯

1984 年 12 月 8 日于汝绥在美国 Wellston 与儿子于子刚相遇合影

1990 年 7 月 8 日于汝绶在阜新市政协会议室为现代管理和区域规划研修班讲课

1992 年 12 月 22 日于汝绶在中国民盟第七次代表大会盟员代表入住的京丰宾馆大堂

1992 年 10 月 11 日于汝绶和妻子陆美玲在徐州戏马台与孙子于文森合影

1993 年 9 月 11 日于汝绥与妻子陆美玲在新疆

1995 年 4 月 27 日于汝绥与妻子陆美玲在福建武夷山登天游峰途中

1993 年 8 月 18 日于汝绥 62 岁生日和妻子陆美玲 61 岁生日在徐州二儿子于子捷家庆祝生日时与孙子于文森合影

1994 年 2 月 9 日于汝绥和妻子陆美玲与孙子于文森合影

1998 年 9 月 4 日于汝绶与妻子陆美玲在长白山天池

2000 年 7 月 28 日于汝绶与妻子陆美玲在云南腾冲热海大滚锅

2000 年 7 月 24 日于汝绶与妻子陆美玲在虎跳峡

1993 年 9 月 11 日于汝绶与妻子陆美玲在新疆

1995 年 4 月 27 日于汝绶与妻子陆美玲在福建武夷山登天游峰途中

1993 年 8 月 18 日于汝绶 62 岁生日和妻子陆美玲 61 岁生日在徐州二儿子于子捷家庆祝生日时与孙子于文森合影

1994 年 2 月 9 日于汝绶和妻子陆美玲与孙子于文森合影

1996 年 8 月 9 日于汝绥与妻子陆美玲在山西安太堡露天煤矿

1998 年 5 月 1 日于汝绥与妻子陆美玲在法国凡尔赛宫

1998 年 5 月 6 日于汝绥与妻子陆美玲在法国卢浮宫

1998 年 5 月 18 日于汝绶与妻子陆美玲在荷兰民俗村木鞋厂

1998 年 5 月 9 日于汝绶与妻子陆美玲在荷兰

1998 年 5 月 14 日于汝绶与妻子陆美玲在法国枫丹白露公园

1998 年 9 月 4 日于汝绶与妻子陆美玲在长白山天池

2000 年 7 月 28 日于汝绶与妻子陆美玲在云南腾冲热海大滚锅

2000 年 7 月 24 日于汝绶与妻子陆美玲在虎跳峡

2001 年 1 月 8 日于汝绶和妻子陆美玲参观平朔安家岭选煤厂

2001 年 8 月 18 日于汝绶 70 岁、妻子陆美玲 69 岁在徐州二儿子于子捷家里举办的生日宴会

2003 年 8 月 18 日于汝绶 72 岁、陆美玲 71 岁与二儿子一家的合影

2005年10月20日于汝绶与妻子陆美玲在镇江七峰亭

2005年5月于汝绶与妻子陆美玲在台湾

2007年6月19日于汝绶与妻子陆美玲在石林

2006 年 8 月 18 日于汝绶 75 岁、陆美玲 74 岁在昆明与二儿子夫妇合影

2008 年春节于汝绶与家人合影

2009 年 10 月 19 日于汝绶与妻子陆美玲在江苏徐州

2012 年 11 月 6 日于汝绶与妻子陆美玲在连云港海滩

2014 年 7 月 12 日于汝绶出席孙子于文森婚礼

2015 年 8 月 12 日于汝绶在泰安的生日宴会上与妻子合影

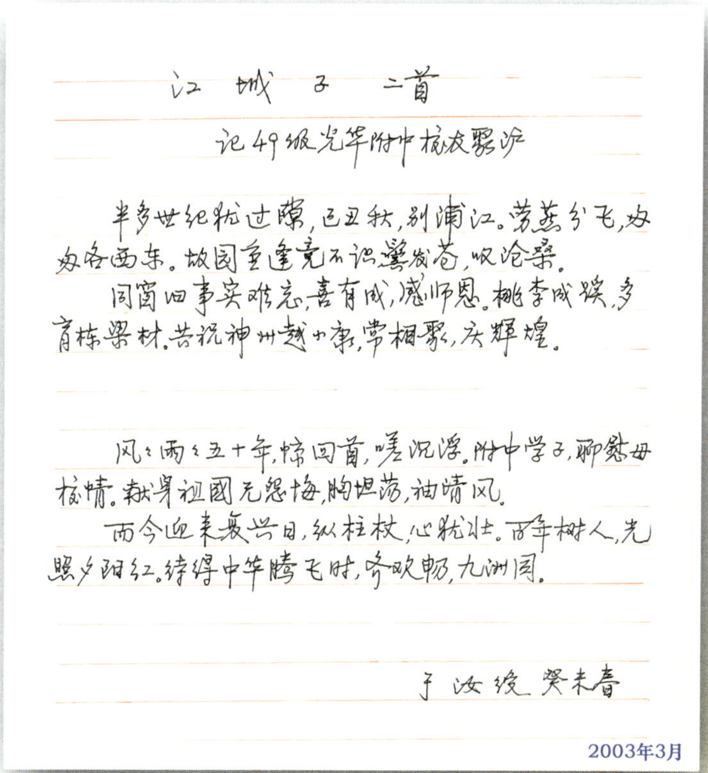

江城子 二首

记49级光华附中校友聚沪

半多世纪犹过隙，已丑秋，别浦江。劳燕分飞，匆匆各西东。故园重逢竟不识鬓发苍，叹沧桑。

同窗旧事实难忘，喜有成，感师恩。桃李成蹊，多育栋梁材。共祝神州越小康，常相聚，庆辉煌。

风风雨雨五十年，惊回首，嗟沉浮。附中学子，聊慰母校情。献身祖国无怨悔，胸坦荡，袖清风。

而今迎来复兴日，纵柱杖，心犹壮。百年树人，光照夕阳红。待得中华腾飞时，齐欢畅，九州同。

于汝绶 癸未春

2003年3月

2003 年 3 月于汝绶亲笔江城子二首

## 江城子二首

记 49 级光华附中校友聚沪

半多世纪犹过隙，已丑秋，别浦江。
劳燕分飞，匆匆各西东。
故园重逢竟不识鬓发苍，叹沧桑。

同窗旧事实难忘，喜有成，感师恩。
桃李成溪，多育栋梁材。
共祝神州越小康，常相聚，庆辉煌。

风风雨雨五十年，惊回首，蹉沉浮。
附中学子，聊慰母校情。
献身祖国无怨悔，胸坦荡，袖清风。

而今迎来复兴日，纵柱杖，心犹壮。
百年树人，光照夕阳红。
待得中华腾飞时，齐欢畅，九州同。

于汝绶 癸未春

2010 年学校给于汝绶庆祝 80 大寿宴会前合影

2010 年学校给于汝绶庆祝 80 大寿宴会前合影

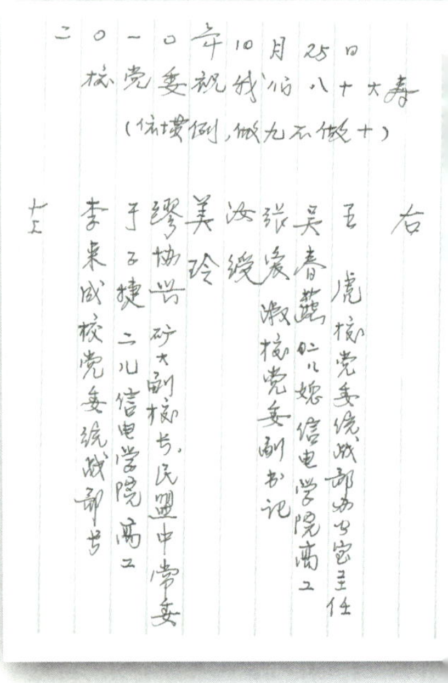

二〇一〇年10月25日
校党委祝我们八十大寿
（依惯例，做九不做十）

右
王虎 校党委统战部办公室主任
吴春燕 大儿媳 信电学院高工
张凌微 校党委副书记
汝绶
美玲
缪协兴 矿大副校长，民盟中常委
于子捷 二儿 信电学院高工
李東成 校党委统战部长
左

2010 年于汝绶在学校给他庆祝 80 大寿照片后面的亲笔

## 水调歌头

——贺第三届矿苑文艺沙龙

矿业兴太行，焦工占鳌头。艰辛揽才办学，贤师攀高楼。倅逢狼烟四起，辗转西北东南，风雨侵心头。怀报国宏志，万里未停留。

百年矣，老矿大，驻徐州。东坡官游宝地，杏坛起南湖。名校雄风犹在，再培成长沃土，桃李自成溪。执能源牛耳，师生共图谋。

采 49 级 于汝绶习作 年方八十
2011 年 6 月 30 日

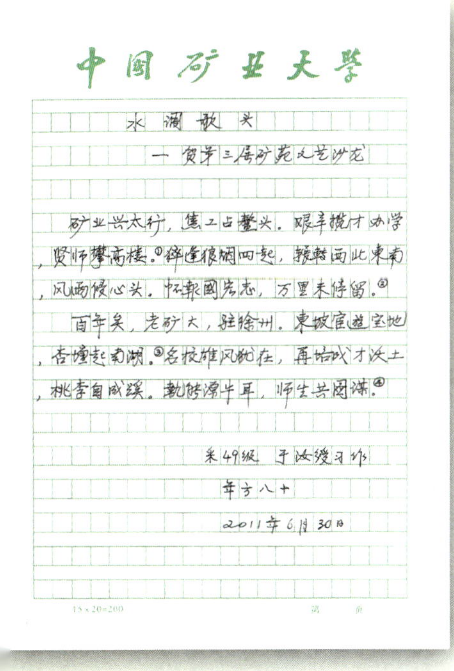
中国矿业大学

水调歌头

—贺第三届矿苑文艺沙龙

矿业兴太行，焦工占鳌头。艰辛揽才办学，贤师攀高楼。①倅逢狼烟四起，辗转西北东南，风雨侵心头。怀报国宏志，万里未停留。②

百年矣，老矿大，驻徐州。東坡官遊宝地，杏壇起南湖。③名校雄风犹在，再培成才沃土，桃李自成蹊。執能源牛耳，师生共图谋。④

采49级 于汝绶习作

年方八十

2011年6月30日

15×20=200 第 页

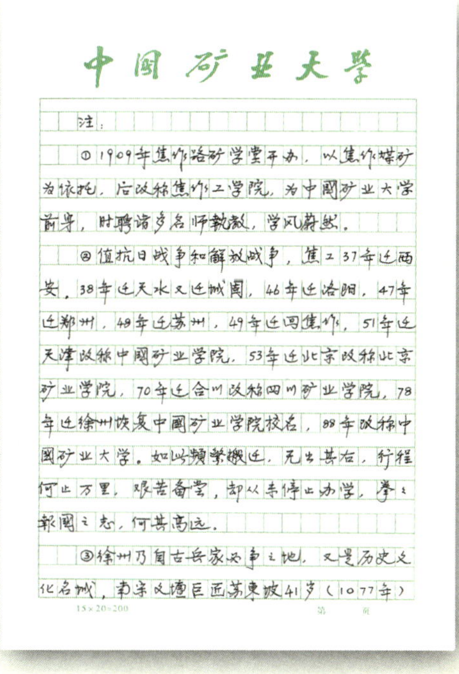
中国矿业大学

注：

①1909年焦作路矿学堂开办，以焦作煤矿为依托，后改称焦作工学院，为中国矿业大学前身，时聘请多名师執教，学风蔚然。

②值抗日战争和解放战争，焦工37年迁西安，38年迁天水又迁城固，46年迁洛阳，47年迁郑州，48年迁苏州，49年迁回焦作，51年迁天津改称中國矿业学院，53年迁北京改称北京矿业学院，70年迁合川改称四川矿业学院，78年迁徐州恢复中國矿业学院校名，88年改称中國矿业大学。如此频繁搬迁，无出其右，行程何止万里，艰苦备尝，却从未停止办学，拳拳報國之志，何其高远。

③徐州乃自古兵家必争之地，又是历史文化名城，南宋文壇巨匠苏東坡41岁（1077年）

15×20=200 第 页

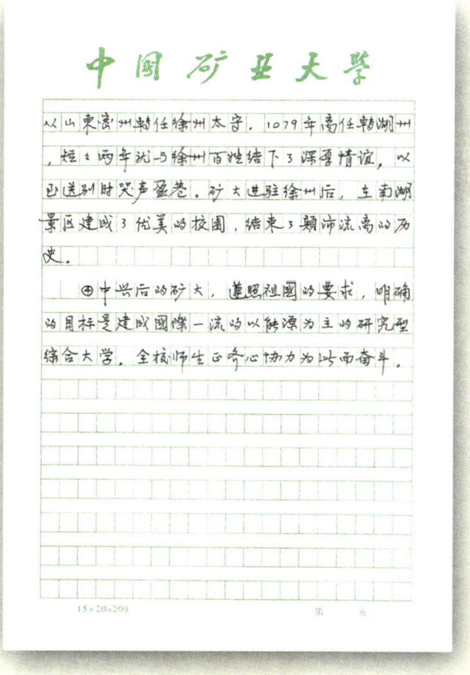
中国矿业大学

从山東密州転任徐州太守，1079年离任転湖州，短短两年就与徐州百姓结下了深厚情谊，以至送别时哭声盈巷。矿大进驻徐州后，在南湖景区建成了优美的校园，结束了颠沛流离的历史。

④中兴后的矿大，遵照祖國的要求，明确的目标是建成國際一流的以能源为主的研究型综合大学。全校师生正齐心协力为此而奋斗。

15×20=200 第 页

2011 年于汝绶亲笔水调歌头

1949 年 6 月于汝绶与父母兄妹在上海合影

1952 年 7 月于汝绶与母亲兄妹在上海合影

1980 年 10 月 3 日于汝绶途经上海时与兄妹们等合影

1982 年 12 月 3 日于汝绶途经上海时与二姐于中珏全家合影

1980 年 10 月 3 日于汝绶与兄妹在上海的合影

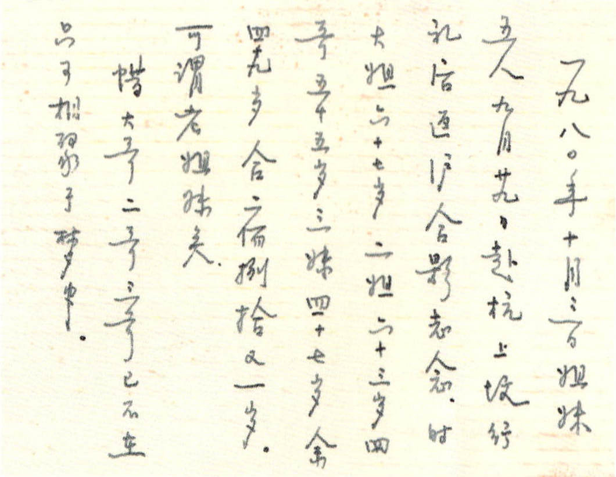

一九八〇年十月三日姐妹
五人九月廿九赴杭上坟行
礼后返沪合影志念，时
大姐六十七岁，二姐六十三岁，四
哥五十五岁，三妹四十七岁，余
四十九岁，合二百捌拾又一岁。
可谓老姐妹矣。
惜大哥二哥三哥已不在
只可相聚于梦中。

合影背面的背书

1986 年 3 月于汝绶与亲属在武汉合影

1987 年 5 月于汝绶与二姐全家合影

1992 年 12 月 22 日于汝绶在中国民盟第七次代表大会与同时参会大姐于中瑛的合影

1992 年 12 月 25 日于汝绶的大姐于中瑛和大姐夫韩伯林的合影

2001 年 5 月 3 日于汝绶和妻子陆美玲在徐州二儿子（于子捷）家里与妹妹（于中琳）妹夫吕其颐合影

1952 年陆美玲在北京与苏联专家的合影

1954 年 9 月于汝绶和妻子陆美玲在北京矿业学院与苏联专家合影

1984 年 12 月 4 日于汝绥在美国 Wellston 中审现场

1985 年 9 月 19 日于汝绥在家里接待加拿大朋友

1986 年 11 月于汝绥与彭世济、骆中洲在内蒙古准格尔合影

1985 年 11 月于汝绥与在准格尔煤矿现场评审会专家的合影

1983 年 5 月 12 日于汝绥在无锡太湖饭店与参加审稿会议人员的合影

1987 年 4 月于汝绶与到矿大国内著名露天专家合影

1987 年 5 月于汝绶与老同学合影

1987 年 5 月于汝绶与老同学合影

1987 年于汝绶和何其敏与露天弟子们在陕西兵马俑博物馆门前的合影

1987 年 4 月于汝绶与到矿大国内著名露天专家全体合影

1987 年 7 月 30 日于汝绶在
内蒙古与他的弟子们的合影

1987 年 7 月 30 日于汝绶在
内蒙古与现场工作人员的合影

1987 年 6 月于汝绶与
参加阜新东煤公司露天矿
经济技术研讨会专家合影

1987 年 8 月 17 日于汝绥参观美国 Codero 现场与美国露天专家合影

1987 年 8 月 20 日于汝绥与美国同行交流时的留影

1987 年 8 月 23 日于汝绥访美时向美国专家教授太极拳

1987 年 9 月 29 日于汝绥与内蒙古锡林浩特煤矿（南矿）现场工作人员的合影

1987 年 9 月 25 日于汝绥在呼和浩特市宾馆准格尔煤矿评估会上与国内参会专家的合影

1987 年 9 月 27 日于汝绥在内蒙古乌兰图嘎露天煤矿查看工作面的情景

1987 年 9 月 29 日于汝绥在内蒙古乌兰图嘎露天煤矿查看作业现场

1988 年 4 月于汝绶在欢迎第七届全国人民代表大会代表徐州民盟盟员盛家廉、姚福宝 2 位教授返回徐州合影

1988 年 10 月 4 日于汝绶与参加民盟六大江苏代表团合影

1988 年 6 月 29 日于汝绶与毛种礼、段幸珍在返校欢迎仪式上的合影

1988 年 6 月于汝绶与李谷一等留影

1988 年于汝绶与参加省民盟代表大会的徐州团合影

1989 年 1 月于汝绶、杨荣新与露天弟子们的合影

1989 年 1 月于汝绶在徐州与 50 年代的来华俄国专家的合影

1990 年 12 月 18 日露天开采设计规划综合优化的理论与实践鉴定会合影

1990 年 5 月 8 日于汝绶与来访 Michel Dushena 教授等合影

1991 年 3 月 1 日于汝绶在民主同盟徐州市第二次代表大会合影

1991 年 6 月 12 日于汝绶与参加徐州市经济和社会发展模型鉴定会专家们合影

1990 年 10 月 9 日于汝绶与采 49 采 50（春）级返校校友合影

1991 年 12 月 5 日于汝绶与老同学崔松芳、邵泽春、夏家斌合影

1992 年 4 月于汝绶与来访美国专家合影

1991 年 10 月 17 日于汝绶在第二届国际采矿科学技术讨论会会场与参会人员的合影

1992 年 8 月 8 日于汝绶与云南煤炭行业的老同事合影
左起刘培田、叶阳辉、鄂玉九、于汝绶

1991 年 11 月 5 日于汝绶在徐州市咨询委员会二届二次会议合影

1991 年于汝绶与参加徐州市经济和社会发展模型鉴定会的专家合影

1992 年 10 月 15 日与校友在徐州矿大校园合影

1992 年 10 月 15 日于汝绶与矿大
露天校友汪梅生、周远合影

1992 年 10 月 15 日矿大露天开采教研室合影

1993 年 3 月 18 日于汝绶在徐州矿大彭世济欢送会上留影

1993 年 3 月 18 日于汝绶与参加欢送彭世济仪式后部分人员合影

1993 年 3 月 18 日于汝绶与参加欢送彭世济仪式后全体人员合影

1992 年 12 月 22 日于汝绶在中国民盟第七次代表大会与民盟著名经济学家费孝通等的合影

1992 年 12 月 25 日于汝绶在中国民盟第七次代表大会与其他盟员代表的合影

1992 年 12 月 25 日于汝绶在中国民盟第七次代表大会与其他盟员代表的合影

1994 年 6 月 8 日于汝绶在内蒙古准格尔哈尔丘素方案中期汇报与现场人员的合影

1994 年 12 月 9 日于汝绶与参加多功能运煤井巷系统终审会专家的合影

1994 年 5 月 31 日于汝绶和矿大露天采矿同事与即将毕业的露天学子们的合影

1992 年 9 月 22 日于汝绶在河南黄河母亲像前与老同学合影

1995 年 6 月 27 日于汝绶在安徽黄山连理松前巧遇著名露天专家范奇文和史敬国时合影

1995 年 6 月 27 日于汝绶在安徽黄山始信峰前与矿大露天教研室同事合影

1995 年 4 月 5 日于汝绶与国内著名露天专家在内蒙古霍林河露天煤矿合影

1994 年 12 月 31 日于汝绶在《多功能运煤井巷系统研究》终审会上发言

1996 年 4 月 26 日于汝绶与妻子陆美玲与矿大露天弟子的合影

1995 年 10 月 4 日于汝绶和郭育光与德国来华出席德华奖学金颁奖专家的合影

1996 年 4 月 26 日于汝绶与德国克虏伯公司克雷特先生等专家合影

1996 年 6 月 20 日于汝绶与露天硕士殷忠平论文答辩组专家

1995 年 12 月 21 日于汝绶与露天博士论文答辩组专家

1995 年 10 月 4 日于汝绶在矿大首届德华奖学金颁奖会与德国专家合影

1996 年 11 月 26 日于汝绶与出席民盟七届五中全会的著名经济学家费孝通的合影

1996 年 11 月 24 日于汝绶与出席民盟七届五中全会代表们合影

1997 年 6 月 11 日于汝绶在家塔露天矿建设方案专家研讨会与专家们的合影

1996 年 12 月 24 日于汝绶和露天同事在霍林河露采教育奖学金颁奖会后与获奖学生的合影

1996 年 11 月 24 日于汝绶与出席民盟七届五中全会代表们合影

1998年5月于汝绶与学生陈国飞、张瑞新博士在法国

1997年7月4日于汝绶与露天毕业博士合影

1998年5月于汝绶和妻子陆美玲与学生陈国飞及妻子一家在法国合影

1997年10月1日于汝绶与露77、露78返校校友合影

1997 年 10 月 22 日于汝绶与出席民盟代表大会代表合影

1997 年 10 月 22 日于汝绶与出席民盟代表大会代表合影

1997 年 10 月 1 日于汝绶与露 77、露 78 返校校友合影

1998 年 10 月 10 日于汝绶在矿大与露天老同学和同事们的合影

1998 年 10 月 11 日于汝绶在矿大与老同学合影

1999 年 1 月于汝绶与徐州四届咨询委员会首次工作会议委员合影

2000年8月14日于汝绥与妻子陆美玲在云南昆明与吴家厚、华菊香合影

2000年8月13日于汝绥与妻子陆美玲在云南昆明与老友合影

2000年8月18日于汝绥和妻子陆美玲在昆明与叶阳辉夫妇合影

2000年8月13日于汝绥与妻子陆美玲在云南昆明与老友合影

2000年8月20日陆美玲在昆明与挚友王婉君和其大儿子杨宁夫妇合影

2000年8月16日于汝绥与妻子陆美玲在云南昆明与老友合影

2000年8月20日于汝绶在昆明与王婉君及其大儿子杨宁合影

2000年8月21日于汝绶和妻子陆美玲在昆明与王婉君三儿子杨谦的合影

2000年8月22日于汝绶和妻子陆美玲在昆明与赵佳杰的合影

2000年10月28日于汝绶在徐州中国矿业大学与参加国际采矿会议弟子们合影

2000 年 10 月 29 日于汝绶和妻子陆美玲在徐州家里与参加国际采矿会议弟子们的合影

2003 年 10 月 21 日于汝绶与能源 1952 届、采 49 级第四次校友会校友的合影

2004 年 9 月 28 日于汝绶和妻子陆美玲在昆明云南民族村与云南老友们合影

2005 年 9 月于汝绶在庐山与采矿 52 届校友会校友合影

2005 年 9 月于汝绶在庐山与采矿 52 届校友会校友合影

2005 年 9 月于汝绶与采 49 级第五次校友会人员的合影

2005 年 9 月于汝绶与妻子陆美玲在庐山和采矿 52 届校友会校友合影

# 于汝绥同志生平*

中国共产党党员，中国民主同盟原中央委员，江苏省第七届人大代表，中国民主同盟原徐州市委主委，中国矿业大学矿业工程学院教授于汝绥同志，因病医治无效，于 2016 年 6 月 16 日 5 时 30 分于家中不幸去世，享年 86 岁。

于汝绥同志 1931 年 8 月 18 日出生于上海市青浦区。1949 年考入焦作工学院，后随学校搬迁天津，1952 年 6 月毕业于中国矿业学院。1956 年 7 月研究生毕业于北京矿业学院，同年留校工作。1959 年 4 月至 1960 年 8 月到云南煤炭学院任教。1960 年 8 月至 1979 年 9 月在云南煤矿设计院从事露天矿设计工作。1979 年 9 月调回中国矿业学院从事教学科研工作。1983 年 5 月，任采矿系露天采煤教研室副主任。1992 年享受国务院政府特殊津贴。1997 年 7 月退休。从 2001 年开始至今，一直担任徐州市专家咨询顾问。

于汝绥教授是我国露天采矿学科的开拓者和奠基人之一，长期致力于露天煤矿开采与设计理论等方面的教学与研究工作。作为一名教师，他学识广泛，为人师表，诲人不倦；他教书育人，求真求善；他学高为师，身正为范，言传身教，桃李满园，为国家培养了 2 000 余名露天采矿专业的本科生和研究生，赢得了矿业工程界广泛的尊重和爱戴。他作为我国露天开采学科的开拓者，最早参与翻译《露天采矿学》，出版了《露天矿设计理论分析》《中国煤矿开拓系统》《露天采矿优化理论与实践》《露天采矿手册》等多部学科专著和教材。在做好教学工作的同时，他带领师生深入矿区和矿井开展科学研究，《露天开采设计规划综合优化的理论与实践》获得能源部科技进步一等奖和国家科技进步二等奖。《特大煤田露天开发研究》等多项科研项目获得原国家教委、能源部的科技奖励，为我国露天采矿业做出了突出贡献。

于汝绥同志 1982 年加入中国民主同盟，1987～1992 年任中国民主同盟徐州市委员会主委。1987～1997 年任中国民主同盟第六、第七届中央委员。1990～2000 年任徐州市政府第二、第三、第四届咨询委员会主任委员。于汝绥同志政治立场坚定，致力于中国共产党领导的多党合作事业，是中国共产党的挚友、诤友。在担任民盟市委主委期间，不断加强民盟市委的自身建设，为民盟徐州市委的发展和建设做出了突出的贡献，在徐州市民盟享有崇高的威望，在盟省委乃至全国具有重要影响。他在担任民盟徐州市主委工作期间开展的

* 中国矿业大学党委副书记蔡世华在于汝绥悼念吊唁告别会上的讲话。

工作，受到民盟中央费孝通、钱伟长等老一辈民盟领导人的充分肯定，树立了徐州民盟的良好形象。

于汝绶同志作为党外代表人士，具有知识分子的家国情怀，他积极参政议政，建言献策，为国家民族的振兴、为地方经济发展和社会进步做出了突出贡献。作为采矿学科专家，他积极拓展自己的研究领域，深入开展调查，开展建言献策，其成果受到民盟中央、江苏省委、省政府的高度评价和赞扬。他带领民盟成员建立的《徐州市1990～2010经济和社会发展模型》受到民盟中央、江苏省委、省政府的高度肯定，被称作："体现了民盟的同志们具有高度的爱国热情和参政议政的积极性，是坚持与完善共产党领导的多党合作的生动事例。"原民盟中央主席费孝通等曾带领民盟中央及13个民盟省委领导来到徐州召开现场会，学习徐州民盟开展调查研究、建言献策工作的经验和做法。

于汝绶同志作为中国民主同盟的一员，矢志不渝向中共党组织靠拢，于1984年加入中国共产党。他讲政治，守规矩，懂大局，乐奉献。他看问题能从全局和大局着眼，组织性、纪律性强。在牵涉大局的问题上，始终态度坚定，旗帜鲜明，在思想上、行动上与学校党委保持一致，表现出一个共产党员的优秀品质和胸怀。他一生为人正直，严于律己，宽以待人，关心同志，团结同志，展现出了崇高的人格魅力和宽阔胸怀。

于汝绶同志的一生是为我国露天采矿教育事业奋斗的一生，是坚持多党合作制度为党的事业无私奉献的一生。他的去世，使学校失去了一位优秀的教授学者，使民盟失去了一位德高望重的好前辈，我们深感悲痛。我们要化悲痛为力量，学习、继承和发扬于汝绶同志的好作风、好品质，积极推进学校改革和事业发展，早日实现建设世界一流矿业大学的奋斗目标，以告慰于汝绶同志在天之灵！

2016年6月20日

# 序　言

家父于汝绶于2016年6月16日凌晨因病悄然离世，父亲离世，我们全家极其悲哀。虽然父亲疾患已有些时日，但在与疾病的抗争中，毅然执笔坚持书写其更年往事。手稿基本完成收尾仍在进行，竟然与世长辞。

在中国矿业大学领导的悉心安排下，丧事顺利完成。此后，父亲生前好友多次询问其回忆录的撰写情况及是否付梓。

2016年12月，在归集整理父亲宗族图谱时，见到其书写的往事手稿，并通过家父生前好友了解到另外一些情况。我立即着手对文稿进行整理。由于他体力不支，部分文稿中仅仅叙述了主要经历，尚有些往事未留下文字。我在繁忙工作之余，尽力整理父亲的遗作，以慰其愿和他生前好友。长辈们多已届耄耋之年，经与家人取得一致意愿，将文稿尽早完成。晚辈所做的事得到家父生前许多好友的支持和鼓励，令我等深受感动，谨致以谢忱。

父亲人生坎坷，跌宕起伏。但他以大局为重，直为现实，酷爱从事的露天煤矿开发事业。他是新中国培养的第一批高级采矿知识分子，经历了——焦作工学院、中国矿业学院(天津)、北京矿业学院、从1949～1956年的七年间完成了本科和研究生的学业；1959～1979年在云南从事煤矿工程设计二十年；1979年调回四川矿院、中国矿业大学(徐州)从事露天采矿学科的教学和研究生工作；与1992年荣获有突出贡献知识分子而享受国务院特殊津贴。中国矿业大学是父亲的母校，也是他从事教书育人安身立命之所。从1949年至2016年的67年中，父亲就有47年在中国矿业大学学习、教学、科研并著书立论，多次获国家级奖项。他从助教、讲师晋升为教授，培养的本科学生和硕士、博士生约两千人，桃李满于海内外，而且师生情深谊笃。

过去无论多么困难，父亲在逆境中毅然热爱党和国家，毫不气馁。在云南工作的二十年中，理论联系实际，在工作设计和生产建设的实践中，丰富和充实了专业知识和技能，结交了一大批煤炭生产、建设和煤炭工业管理多层次多方面的可信赖的挚友。

1982年，父亲加入中国民主同盟，1984年加入中国共产党，以中国矿业大学教学任务为主，1987～1997年间任民盟两届中央委员；1987～1992年任民盟徐州市委主委；1990～2000年，任徐州市政府三届咨询委员会主任委员。他带领民盟成员等专家建立的《徐州市1990～2000年经济和社会发展模型》为城市经济发展出谋划策，受到江苏省和徐州市党政领导的高度重视，并逐步付诸实施。

家父为人刚正，心地光明，爱国、爱家庭，尤其热爱其从事的露天采矿事业，他将其一生，以充沛的精力、广博的学识、灼热的情怀献身于矿业教育事业；对子孙的教育培养亦独具耐心，晓以大义，示以廉洁做人，提倡艰苦奋斗而自立。父亲遗作，是我们的无价之宝和财富。

每当我们接触到父亲的好友和学生时，他们都会对父亲给予褒扬、敬仰之词。我们亦感谢妈妈陆美玲，她和父亲一生笃爱，共同度过了百味人生。至今，妈妈还在对父亲人生进行公正地评价，并教育我们兄弟向家父学习，从其人生中总结经验。我们为有值得敬爱的父亲和慈爱学识深厚的母亲感到欣慰和自豪。我们为父母的友好前辈们祝福，为其培养教授过的学生们祈福。

感谢为本书出版提供过帮助的所有人。

祝长辈们长寿康宁。

于子捷

2017年5月29日

# 前　言

在我动笔写这本自传体回忆录之前心里翻来覆去、犹豫不决。关键问题是我写回忆录是为了什么,如果是我为了扬名,那我的名字早就刻在我培养的一大批学生的心坎上了,用不着这么一本小册子来“帮忙”;如果是为了记录,似乎就更没有必要了,因为像我这么一个普通的知识分子,在中国成千上万,谁会对我感兴趣呢?真要是没有人感兴趣,写它干什么呢,不是纯粹的浪费吗?

人生如白驹过隙,八十余载,经历十分简单。1931 年生于青浦县(现上海市青浦区),五岁随父到西安,七岁随父经秦岭入川在重庆度过七年时光,完成了小学和初中学业。1945 年抗战胜利,随大姐顺江而下到南京,在南京完成了高中学业。1947 年随全家迁沪,在沪复读一年,1949 年上海解放,同年在苏州考入焦作工学院,1951 年随校迁天津改为中国矿业学院。1952 年提前毕业转入研 53 级攻读研究生。1954 年随校迁北京改为北京矿业学院。1956 年研究生毕业后留校任教。1958 年 2 月被划为“右派分子”。旋即下放南口当了九个月“农民”。1959 年 4 月以支援边疆教育为名调云南昆明云南煤炭学院搞筹建,同年 12 月调昆明煤炭设计院,一去就是二十年。1979 年经煤炭部干部司点名调回母校(时在四川三汇坝,名为四川矿业学院)重执教鞭。1982 年随校迁至徐州(中国矿业学院,1988 年学校更名为中国矿业大学),1997 年退休。

你看,就这么简单的一个经历,如果把南口亭自庄北小营第五生产队也算一个单位的话,一共也就那么四五个单位,十分简单,十分稳定。

所以,如果如数地写“豆腐账”的话谁看了都会打瞌睡,毫无引人入胜之处,这是我的第一个想法。如果要把划成“右派分子”以后当“右派”的经历作为主线也枯燥无味,因为全国被错划打成“右派分子”的好几十万,何况我的处境还算是好的,当了九个月的农民,工资降了两级,发配到边疆云南,如此而已,这是我不想动笔的另一个理由。

有钱难买“回头望”。我的这一“望”,望出了几个亮点。

首先我的一生所在单位不多,但无论是转换单位还是在单位内部调动工作,全都是服从组织安排。可以说除了在当“农民”的时候,主动向李队长要求改薅秧为“下大田”,算是我的要求(那也是捡重活干,而不是投机取巧)以外,其余都是领导的安排,我事先毫不知情。

其次，换了一个单位或新环境，我总是力图使自己适应新的单位或环境。经过一段时间的努力总是能融合到新单位或环境中，并受到同事们的友好肯定。

这可以说是一个“规律”，纵观我一生所在的单位基本上都是如此，于是我就在“回头望”中把这个规律总结为一个西格玛（西格玛是一个归纳总结的符号）定律：在人的一生中做老实人，办老实事，总是时时“吃亏”，处处“吃亏”，可是，临到“终点”的时候，算起总账来，一点也不吃亏。

我的一生就是这么走过来的，除了新中国成立前颠沛流离、吃了不少苦之外，新中国成立后我在提工资、提职称、分房子等许多方面都是落后分子的“吃亏”的人，可到了晚年，却收到了极丰富的友谊，这难道不值得给后来人说一说吗！想到这里我心里才略略下定决心让大家都来做老实人、办老实事，应该说这也是一件弘扬社会主义核心价值观，发挥社会正能量的好事。想到这里才算是想通了，可以提笔了。

# 目　录

# 第一章　童年(1931～1945 年)

## 西京二年

儿时的记事是从西安开始的。

1936 年我五岁就随父亲来到西安,当时父亲任中华民国《西京日报》社社长。我和父亲就挤在一张大床上,我睡里面,当时有一个长工老何照顾我父亲和我两个人的生活起居。记得每天凌晨老何就会把当天报纸的清样送给父亲审阅,大约要花费一个多小时,到四点左右通阅一遍交付印刷,父亲再略睡一会儿,十分辛苦。有时我醒了又睡着了,有时为了不吵醒父亲就早早地起床,随老何到印报车间看热闹。当年的印刷可谓十分落后,车间里声音杂乱,讲话都要到耳朵边才能听得见。

白天由于我没有上学就在房里的小桌子上练大字,再就是在报社院子里玩,很少上街。偶尔跟着老何去市场买点菜,没有玩伴,没有同学,了无乐趣。1937 年卢沟桥事变,日寇全面侵华,西安也开始紧张起来,直到 1937 年 12 月 12 日,南京沦陷,这才彻底断了我们和老家的联系,从此天各一方。父亲出道虽然很早,但属于元老派,早已失势,此时父亲奉命前往陪都重庆,开始了入川之旅。

首先,父亲安排长工老何请长假回湖南老家,起先我不懂什么叫请长假,多长才算长假,后来才知道,请长假跟辞退差不多,主人不找他就断了关系了。老何与我们相处两年多,他工作尽心尽责,对我也很照顾,同时也是我实际上的玩伴,对他的离去,我是很难过的,却又无可奈何。

然后是准备行李,我记得父子俩的行李一共是四件:一只小皮箱是放父亲的重要物件的,一个大行李卷,两只柳条箱。一个报社的社长,行囊如此简陋,这也可以看出父亲的确是个清官。

入川的路径是越秦岭、过剑阁,父子俩买了长途客车票。1938 年 4 月中旬上路。我们的座位在第四排,汽车也是老道奇,座位很窄,比起现在的大巴可差远了。

翻过秦岭进入四川后碰上土匪,这次遇匪是有惊无险,还带有戏剧性。我们的长途客车是四辆一组,我们坐在第一辆车上,司机是这一组的组长,组长开第一辆车是惯例,便于对后面几辆车的管理。翻过秦岭，我们这辆车就出现了麻烦。原来车顶行李架上有几筐橘子，山路颠簸，橘子就从筐里滚出来，落在地上了，隔几分钟就滚掉一个，橘筐的主人是位老太太，她发现橘子掉了就喊停车。司机一开始没理她，因为在山区停车很不安全，可是老太太不依不饶，司机只好停下来。滚下来的橘子真是没法捡啦，因为沿公路几里就滚下来一个。只能上车顶把框子重新捆扎一下，只要以后不再掉就可以了。首车这一停后面三辆车就都开到前面去了，首车成了尾车了，同车的人也没抱怨，毕竟是同舟共济嘛！

又开了一段路，我们追上前面的三辆车了，原来他们都停在路边，乘客们都凑在一起议论第二辆车成了首车后碰上了土匪，这小股土匪还算“仁慈”，只勒索点钱财就散了，没有大肆劫掠。可乘客们依然是惊魂未定，生怕再次碰上土匪，他们见到组长来了就催着赶紧离开这是非之地。这时捡橘子的老太太说话了：“你们看是老天爷让橘子滚下来的，要不是大家齐心协力停车捡橘子，抢的可就是我们这辆首车了。”大家都会心地大笑，当晚就到了剑阁，算是入川的第一站吧。

# 重庆七年

## 重点回顾

重庆的七年对我十分重要，应该说打下了一个很好的基础。虽然只是完成了小学和初中的学业，可是对我后来的成长起到了良好的起跑作用。

这里首推德精小学，这是我上的第一所学校，从一年级到六年级整整六年，在这里除了基本的识字和简单的算术外，最重要的是让我学会了懂礼貌、守规矩、讲卫生、敬师长、爱同学、知感恩、爱祖国等这些做人的最基本的东西，这可是许多其他学校不一定能学得到的，所以我至今仍然感激德精小学和那里的老师们。扶轮中学三年是我离开父亲开始独立生活的三年，十二岁就只身住校，多亏了德精小学给我打下的底子，使我能在新环境中适应，没有碰上多少钉子。父亲当时的工资不低，给我的零花钱也不少，可我还是为了节省路费买两双草鞋回家，这些良好的习惯令我受益终身。

日本大轰炸教育了我，我知道日本的野心和残暴，懂得了落后就要倒霉，甚至会亡国。我树立了努力学习、献身科学救国的志向，陈纳德的飞虎队夺回了大后方的制空权，打的日本再也不敢来轰炸了。我为此欢呼雀跃，建设强大的祖国太重要了，每个国民都应该懂得这个道理。

父亲携我于1938年5月抵重庆。父亲到民国政府交通部报到，任简任秘书，住在上清寺芹园公寓，五个同事合住，由工友赵长水来负责这几个人的饮食起居。我已到入学年龄，父亲送我入读教会办的德精小学。父亲总是想方设法让我上最好的学校,我在德精小学读了六年,不仅仅是识了字,学会了四则运算,还学会了跟同学团结友爱,连工友赵长水都夸我懂事,从不胡闹。民国学制,小学五年级就算高小了。德精小学就已经开始学英语了,所以到了初中我的英语成绩总是很好的。

这个阶段我的大姐、大哥也先后来到重庆,连从未见过面的二哥也在他赴缅甸参加远征军前路过重庆看望父亲。我见到了二哥一身戎装,英俊潇洒,真是个美男子,难怪母亲最喜欢二哥。后来传来他中了炮弹片后因染破伤风牺牲,这个噩耗一直瞒着母亲。

德精小学毕业后,父亲目睹了我在小学的进步,本意想让我继续上教会办的求精中学,这时,民国交通部为了解决员工经常出差的问题,决定在郊区兴办扶轮中学,不仅不收学杂费,而且有住校的条件,这样可以大大减轻父亲的"家庭负担",于是改为读扶轮中学。

扶轮中学的初中部先办在金刚坡,这里离重庆有好几十公里,我只身到金刚坡入学,时年十二岁,这是我第一次离开父亲独立生活,一切都要靠自己。印象最深的是分宿舍床位时我被分在上铺,那时的双层床可不像现在四周都有栏杆,那时上铺就只看见四根木桩周边什么都没有,我打开行李爬上上铺眼睛盯着天花板,一丝睡意也没有,实在是怕一不小心翻身滚下来,那可就惨了,大约整整三个晚上没有睡觉,后来实在困得不行,迷迷糊糊也入了梦乡。好在我在小学打下的基础,跟同学们都友好相处,虽然我在班上年纪小、个头小,却也没有哪个大同学来欺侮我,慢慢地都成了好朋友。

校园山坡下有一条小山溪,学校就利用这条小溪把上下游筑了一道小水坝、安了个小闸门,就变成了一个活水游泳池了,可惜初中部在金刚坡只待了半年,我还没学会游泳就搬迁到新开市了,所以我一直是只旱鸭子不会游泳,有鉴于此,后来三个孩子学游泳,我都大力支持,他们都游得很不错。

在金刚坡学校搞军训时来了一个教官,名字我记不得了,背地里大家都叫他"麻烦"。每天晚上十点"麻烦"要来查夜,只要听到他的皮靴"嘟嘟"声人家就喊"麻烦来了",赶紧熄灯。叫他"麻烦"实际有点冤枉,他还真没找过我们什么麻烦。

迁到新开市,条件不如金刚坡。第一件事就是吃不饱饭要抢着吃,刚开始很不习惯,把用来吃饭的茶缸装得满满的,等到我吃完了,饭桶里已经没有饭了,于就总结经验,第一茶缸不要盛太满,尽快吃完后第二缸就尽量多装,这样勉强能吃饱。

第二个问题是"菜"太差,几乎顿顿都是豆渣和空心菜。豆渣就是做豆腐剩下的残渣倒进大锅里加上盐和几勺豆瓣酱就上桌了,大家吃得都倒胃,根本不想吃,空心菜就是藤藤菜,比起豆渣要好吃一些,但天天如此也不受欢迎,我吃空心菜吃伤了,以后很多年一见空心菜就反胃。解决"菜"的办法是靠自己。当时学校规定同学轮流帮厨,于是利用帮厨买菜的机会到歌乐山花几分钱买上一把干辣椒,回来后把干辣椒洗净丢进灶膛里,钩下一点炭火,翻几下辣椒就烧熟了,拿出来洗去炭灰捏碎放进茶缸里,在炒菜的时候偷一点油浇在辣椒上,就算油辣椒了,这是上等的下饭菜。可见天无绝人之路,船到桥头自然直。

再一件事就是回重庆。新开市离市区也有几十公里,买张车票回重庆大约要花十元钱。父亲给我的零花钱不多,但买张车票还是不成问题的。可是我不这么想,毕竟德精小学的教育,让我学会节约。怎么办呢?新开市离歌乐山很近,而歌乐山有一条山径可以直达磁器口,而磁器口的对岸就是牛角沱,这里离上清寺就很近了,这样一算下来从歌乐山到磁器口的山径要花两双草鞋,大约两角钱,摆渡过江要花五角钱,到了牛角沱就等于到家了,一共只要七角钱。说干就干,真的买了两双草鞋,从歌乐山一路下坡,花了不到两个小时就到了磁器口。等了一会儿渡轮,下午一点左右就到了牛角沱了,草鞋踩烂了,人也有点累,但当我见到父亲时还真有点成就感,就像人一下子长大了一样。

重庆作为陪都应该算是大后方的中心,我们虽然没有见过日本鬼子,不像沦陷区老百姓过着“亡国奴”的苦日子,随时都可能有杀身之祸,可是,我们在重庆刚刚安顿下来,就尝到了战争的滋味——大轰炸。记得大约是1940年,日本开始对重庆狂轰滥炸。当时重庆安置从南京迁来的党政机关,条件十分简陋。就以拉警报来说,除了拉汽笛外(因是山坡笛声传不远),就是在两路口对过的浮屠挂上大灯笼,关于挂大灯笼,一个红灯笼是空袭警报,说明日本飞机已经从沙市(或宜昌)起飞了;两个红灯笼是紧急警报,说明日本飞机已经飞到重庆上空了,这是要求市民都进入防空洞躲避;挂一个绿灯笼是解除警报,说明日本飞机轰炸完飞走了。

防空洞分三六九等,像民国交通部里的防空洞算是比较好的一种,防空洞就在部大楼旁边,距离也就是十米左右,十几级台阶下去,里面就是弯弯曲曲的几间办公室,文房四宝、电话一应俱全。房间的四壁都是料石砌的,干净整洁,这样的防空洞,像我这样的“家属”是不允许进入的,是我好奇缠着父亲才带我下去看了一次。我呢,一拉警报就往学田湾跑,那里有给市民准备的防空洞。这种防空洞就是往里凿一个洞,洞高(拱)2.5～5.0米,宽5～6米,呈丁字形,四周就是开凿后的原样,没有任何料石砌墙,洞里就在两侧安装了长条凳,供大家坐下,洞口没有门,只有两堵错开两三米的料石墙,为的是防止炸弹爆炸时的气浪直接冲进防空洞。

那时我年纪小,不感到害怕,反倒觉得挺好玩,一进防空洞就找地方坐下摆开棋盘和大人下象棋。有一天,我们正在下棋,突然一阵狂风把棋盘和棋子吹落一地,人也都被吹得倒向一边,原来是洞口附近一棵五百磅的大炸弹爆炸了,亏的那两堵料石墙缓冲了一下,不然可能会有人受伤呢。

进入五月份,空袭更频繁了,父亲上班就在办公室休息,公文包都不打开,就等着警报响起,纷纷走进楼下的防空洞才开始办公。市民把这叫作疲劳轰炸,如果只是躲警报倒也算了,可是那挨炸的市区可真惨了。不只是民房成了一堆瓦砾,还有不少炸死炸伤的人在街头呻吟,惨不忍睹。当时中国的空军实力很弱,根本无力与日寇的飞机抗衡,任其肆虐,无可奈何。直到两年后，经宋美龄牵头，在罗斯福总统的支持下建立起真正的空军，在昆明成立了以陈纳德为首的第十四航空队飞虎队，才给日寇以重创，夺回了大后方的制空权，飞虎队飞机的身上画着一只大鲨鱼，美军飞行员个个骁勇善战，技术远远超过日本，日寇甘拜下风。

大轰炸期间有两件事刻骨铭心。一件事是我和父亲躲到了乡下十多天，一不小心我染上了阿米巴痢疾，一天要拉十几趟，身子是里急后重，可又拉不出什么来，当时条件又差，父亲只好用画报纸让我拉，十几天下来人瘦成皮包骨。回到城里父亲就找了当时的名医张锡君，他开了一副药就让我止住了痢疾，为了补身子又开了个滋补方，记得里面有龟板之类的药价格很贵，大约三十元一副，当时父亲的薪金不低，但也只够十副药钱。滋补药一吃元气似乎恢复了，也长肉了，父亲一共让我吃了八副，算是救了我一条小命。

另外一件事就是市区发生了“大隧道惨案”。所谓大隧道，其实就是一个临时的防空洞，里面设施简陋，躲在里面的都是附近的老百姓，他们不愿意跑到远处山洞里，可是就在这里惨案发生了。炸弹就在洞前爆炸，里面躲避的民众惊慌失措，又没有人组织疏散，大家都拼命往大门口挤，大门偏偏是向里开的，一挤门就打不开了，越挤越打不开，就这样上千人挤在洞里窒息而死。这一惨案震动了整个山城，大家都指责当局草菅人命，闹了一阵，最后还是不了了之。

我虽然没有见过日本鬼子，可日寇的大轰炸在我心底涌起了仇恨的波涛，一方面抱怨当局腐败无能，国力衰落，被小小的日本打得七零八落；另一方面也唤起了自己科学救国的良知，懂得了落后就要挨打，就会亡国，这种思想对我是十分强烈而且执着的。

# 第二章　少年(1945～1948年)

**重点回顾**

从抗日战争胜利到上海解放，四年多的时间让我在南京三中的优良条件下完成了高中学业。随家迁沪后又在光华附中复读一年，原以为复读其实就是留级，出乎自己的意料，不仅复读是在三中的基础上又上了一个台阶，夯实了我的中学基础，尤其重要的是父亲耳提面命，诵读古文和阅读大量的中外文学名著。读古文使我的国学大为长进，以至几十年后才领悟到自己写东西不犯难，俗话说“读书破万卷，下笔如有神”，我读的古文，毕竟还是有限，但已感觉到它的魅力了。阅读中外名著打开了头脑里的闸门，等于跟着这些作家在书中世界里遨游了一趟，扩大了视野和心胸，对后来的生活产生了积极的影响。可以说这一年多的时光，不仅没有虚度，而且还来了个大丰收，真是太值得了。

## 光复回宁，举家迁沪

终于迎来了抗日战争的胜利，民国政府迁回南京，我也结束了七年的山城生活，随大姐乘招商局的江轮顺江而下，一路还算顺利，尤其是过了三峡，大家都松了一口气。可是快到宜昌时，船到青滩触礁了，原来我们乘坐的江轮两侧还拖着两艘大木船，人都坐在江轮上，木船主要是装行李。因为大家都急着回南京，船票很紧张，招商局为了多拉人就采取一拖二的做法。结果木船触礁漏水行李全泡汤了，招商局就在宜昌租了个大厅买来炭火给大家烤进水的衣物，整整烤了两天，总算可以走了。后面江面开阔，船行又稳又快，很快就到南京了。

这时，父亲已先到南京，母亲和三妹也从金坛赶到南京，住在三牌楼清凉古道4号，算是小团圆了。我也吃上了母亲做的饭菜，真是好吃极了，要知道我长到十五岁还真没有尝过母亲做的饭菜呢！

父亲已经为我办好了上高中的事，学校是南京市立第三中学，校址在白下路。这个学校的前身是国民党元老张群办的“正始中学”，学校里有图书馆、理化实验室、足球场和游泳池。当时在南京设施这么齐全的中学，恐怕也不多。我入学时插班跳了一学期，直接读高一下学期，由于学校较远，每天要坐小火车从三牌楼上车，经丁家桥、国府路到白下路，中午是到学校对面的“老虎灶”买一缸开水，把从家中带的饭泡热吃，下午乘火车回家。

上了几何、代数、物理才知道三中不简单，许多教师上课只带几只粉笔，上堂就讲，滔滔不绝，好像都能背熟了一样，而且讲得深入浅出，你听了就懂，作业就很容易做，怪不得父亲给我找了这么远的一所学校，足见父亲的良苦用心。

好景不长，内战爆发，父亲也从民国交通部辞职，举家从南京迁往上海，住在三哥买的房子里，北四川路底吉祥路 84 弄 20 号。我高中毕业无学可上，为了不荒废学业，父亲就在住处附近找到光华大学附属中学去复读。原来我对复读没有太大兴趣，认为自己在南京三中学得还不错。复读就复读吧，反正比在家里闲着强，到了班上才感到有点吃惊，一是数学、物理都是用的国外的原版书，二是老师都是光华大学的老师兼任的(多挣外快)，讲得很快，全是英文，要不是有三中的底子根本就跟不上。老师讲完下课就走人，没有什么辅导补习之类。你要是有问题就得在下课后追着老师问，出了校门就问不成了，这样一来反倒激发了我对复读的兴趣，心想这一年的复读对我夯实中学基础太重要了，一定要好好把握住，后来到了“文化大革命”后恢复高考时单位抽调我去郊区农场给孩子们补习，时隔二十多年我居然还能辅导他们，没有扎实的基础是不可想象的。

复读期间我称之为四管齐下，进校数理化，回家读古文(父亲指定要会背大约二十篇左右的古文)。此外还有两件事，一是通读世界名著和武侠小说，《悲惨世界》《复活》《三国演义》《西游记》《水浒》《红楼梦》《隋唐演义》《七剑十三侠》《蜀山剑侠传》等，都是在复读期间读的，增加了不少课外知识；再一件事就是几个同学一起到虬江路去逛旧货市场，既不是去淘宝也不是想买什么东西，纯粹是逛玩。

这一年，表面上我优哉游哉，实际上目睹了民国政府的腐败。因父亲赋闲在家没有薪水，靠三哥和二姐的微薄工资勉力维持，可是物价飞涨，金圆券贬值。奸商们趁机囤积居奇，老百姓苦不堪言，当局实行新闻封锁，市民大都不知道内战前线的情况，但总是人心惶惶，家里都要存放点吃的，尤其是米面和干粮，以防不测。

# 第三章　青年(1949～1958年)

**重点回顾**

从考入焦作工学院到研究生毕业留校任教是我的一生中最长的一段学生生涯，时间达七年之久，跑的地方最多，从焦作到天津又到北京，加上阜新、抚顺的实习，总是在不停歇地充实自己，终于攻读研究生毕业，留校任教，算是为学生生活画了一个句号。从专业来讲，从矿井开采到露天煤矿开采又转到露天运输，转来转去都是服从需要，最后以矿山电工专业毕业。我所经历的专业都尽心尽力，体现了一专多能，为以后的工作奠定了坚实而又广泛的知识基础，确实是始料不及的。

在生活上结束了学生生活，又找到了心爱的陆美玲作为终身伴侣，这真是令我受益一辈子。现在我们已经度过了“钻石婚”(六十周年)。在婚后的日子里，虽然大都是处于逆境之中，但总能咬牙度过。这些逆境大都是因我而起，如果没有美玲全力撑起这个五口之家，那渡过一道道难关是不可想象的。

## 大学生涯，天赐姻缘

到了围城的几天，街上店铺大多都已打烊，东西买不到，老百姓可就面临灾难了，原来从前线签退下来的散兵游勇陆续出现在市区，这些人毫无军纪可言，到了市民家里抢钱是次要的，主要就是抢吃的东西，居民为了自保就开始封锁里弄的大铁门。这些兵手里都有武器，别看他在前线打仗不行，对付老百姓确实绰绰有余，他们在大铁门上拿枪威胁居民把吃的拿出来，老百姓多不理会，可也不敢出来，因为他们手里有枪。对峙了两天直到解放军进了城，这些残兵才失去踪影，我们这些青年学生去大街上看新鲜，就目睹了一个欺压百姓的国军散兵被解放军从后面开枪击毙。

1949年5月27日上海解放了，人们纷纷走出家门来街上看人民解放军，他们可是被民国称为“共匪”，然而大家看到的都是服装整齐、军纪严明的军队。按班排序列，静静地站在马路边的人行道上，不进民宅，即使里弄的大铁门开了也没有一个军人进去，特别是到了晚上，5 月的上海还是有点凉意，大家都好奇地观望解放军怎么宿营，结果是军人在人行道上就地躺倒、和衣而睡。这一幕夜景是老百姓多少年来从未见过的，天下竟有这样守军纪的部队，怎么会不打胜仗呢！这一幕，对我而言，可谓刻骨铭心，永志不忘。

上海解放不久，看到了焦作工学院在苏州招生的消息，父亲决定让我去考，苏州离上海很近，我们就到苏州平江路去报考。当时焦作工学院在战火纷飞的年代来到苏州办学十分艰难，谈不上什么校园，就是在平江路上租了一排平房，勉强能上课而已，平江路现改为步行街，汽车不能通行，离著名的观前街很近。记得当年考试时中午就在观前街小店里吃碗阳春面，只花八分钱，虽然碗里只有几片葱花，可汤却是鸡汤，味道鲜美，我吃一碗嫌少，就又加了四分钱买了一碗光面，中午饭就解决了。

考完后半个月，录取通知书就来了，这时才知道考试招生是在苏州，可上学已经不在苏州，而在焦作了。一翻地图找到焦作是在河南省，要经过徐州、郑州。家里就开始为我出远门做准备，我们年轻人商量，决定结伴同行，毕竟出门在外相互有个照应。于是组织了十个人，七男三女先买了火车票从上海到徐州。当时没有什么快车慢车，都是见站就停的慢车，能在新中国成立后不到两个月就坐上火车已经很不错了。

父亲从他四十六岁带着我到西安开始，始终和我在一起，这一年他六十岁了，要送我出远门，惜别之情难以言表，父亲专门为此赋诗一首：

鸣儿考入焦作工学院，将行，书予之：

五十八年游戏耳，釜沉入海究何之？儿孙任尔横流转，通塞由吾随诺宜。惜凤终成已结事，芝兰茁壮亦当期。衰龄欣戚关成败，努力前修莫后时。

一九四九年九月二十七日秋穆

都说涓滴之恩当涌泉相报，父亲予我岂止涓滴者。可上海一别竟成永别。我唯有谨遵父训“努力潜修莫后时”，纵观一生，我总是在父亲的言传身教下安身立命，虽不能报得三春晖，毕竟还有寸草心。

火车离开上海，大家都感觉到身份的变化，别看在家里都是娇生惯养，上车后什么都要靠自己，就拿行李来说吧，我离家时一只“铁皮箱”(实际上是硬纸板加油漆)下楼时都有点费劲，可到了车上就能扛上行李架。女生的行李就更好玩了，都以为焦作是“西伯利亚”，什么都想从上海带，带的毛巾几年也用不完。

车到徐州，我们商量了一下选了两位代表去找站长。反正初生牛犊不怕虎，见了站长就说我们是去焦作上大学的，想搭便车行不行？没想到站长满脸堆笑地说：“好哇，大学生，搭便车可以，但从徐州只能坐到郑州。”我们满口答应说：“先到郑州再说”，于是到街上找旅店了。

那时的徐州，可是在淮海战役后的近乎废墟上重建的，最有名的淮海路也没有几栋像样的房子，旅店就更少了。我们干脆找了一家大车店，租了两间房，说是两间房，其实就是两个大炕，每个大炕上铺了一张篾席。屋角有一张大方桌，后院有喂牲口的棚子。我们男生一间女生一间，打开行李就上炕了，那时仗着年轻，天也不太冷，倒头就睡了。

第二天一早就上街买吃的，街上有几个棚屋卖豆浆油条，很便宜，每人买了碗豆浆和两根油条，围着桌子吃起来。这时就闹了个大笑话，看到桌子上放着一小碗盐，我们都以为是白糖，正好徐州的豆浆特浓，在碗里起皮不说还略微有点苦，于是就放了一点在碗里，为了表现文明还真是弄了一点点。放入碗中一搅豆浆更苦了，这才发觉那是盐不是糖。这件事给我留下的印象太深了，一辈子都不会忘，后来懂了，在徐州想吃甜的，要说糖浆，你要说甜浆就是淡浆了。

我们按时到了火车站，站长安排人带着我们进站，上了一节棚车，里面原来是装货的，很脏，我们都坐在自己的行李卷上，算是软席吧。下午车子到了郑州，郑州的站长已派人来领我们出站了，我们都很受感动，禁不住唱起了“解放区的天是明朗的天”来。接着我们告诉站长，要去焦作请他让我们搭便车，站长满口答应，但是告诉我们，一是郑州到焦作还要经过新乡转车才能到；二是没有棚车，只有敞车了，好在天气晴好，路也不远，一共也就三四个小时，我们一边答应着一边学徐州的老办法住大车店。到了新乡也是站长指挥，我们转车，一切都很顺利，当天下午就来到了焦作工学院。

从这时起，我一生的命运就与焦作工学院紧紧地融合在一起了。

这一路上，从上海到徐州坐的是客车，虽然是慢车，可却是这一路上最舒服的一段了，后面的几段路都是搭便车，人是辛苦一点，可省了不少钱，也锻炼了自己。对我而言，更为重要的是感受到解放区的清新气息，铁路上的站长都那么友善、热情，帮助我们进出站、上下车，令我十分感动。

进入焦作工学院，这是当年唯一的私立工学院，用的是福中路矿学堂的房产，只有三栋破旧的楼房，学校刚从苏州搬回来，一切都是初创，大家都没有失望的感觉，似乎都非常理解学校的艰辛。很快就开学了，大约是九月中下旬开始上课。我们住的宿舍是 11 个人一间，共安放六张双层床，空出一个上铺给大家安放行李杂物，宿舍当中放着一张条桌给大家放洗漱吃饭的用具，另外还有一件重要的东西就是砖砌的火炉，供烧煤取暖用的，用的就是焦作产的“白煤”。煤炭都是黑的，怎么会有“白煤”这个名称呢？原来焦作产的是高热量的无烟煤，煤块儿都是贝壳状断口，亮晶晶的一点也不粘手，所以叫“白煤”，它的发热量极高，大约都在 7500 大卡/千克以上。晚上用煤泥把炉子封上，中间捅一个透气孔，夜间的火苗蹿出一尺多高，室内也很暖和。宿舍的窗子是墙上的一个大方孔，有一扇上下开的窗扇，上面编了几道篾片，根本就不挡风，所以要用棉纸把窗户糊上，再用桐油刷两道以便采光，就这么简陋。

再说街上，当年焦作似乎只有一条街，街上有几家“起火店”，“起火店”是客人拿吃的东西来,店家给做熟,客人付点火钱就行啦。这样的店,特别适合赶大车的,另外也有两三家饭店,其中一家叫"增福轩",当年冶金系有几个小开(有钱的少爷)就在这家包饭吃。

开学不久国家就宣布私立焦作工学院由燃料工业部接管,改为国立焦作工学院了。接着就开始了五十天的启蒙教育,核心内容是讲社会发展史,从猿到人,劳动创造世界。贫穷和痛苦都是阶级剥削造成的,旧社会主张剥削,支持地主老财剥削农民,像"白毛女"、"九件衣"等故事就说明了旧社会把人变成"鬼",共产党领导的新社会代表劳动人民的利益,推翻旧社会的统治,使劳苦大众翻身做了主人,把"鬼"变成了人。这是历史的必然规律,启蒙教育使大家都坚决拥护共产党,热爱新社会。

焦作工学院改为国立后,我们的生活有所改善,每月每人六十五斤小米,按当日的小米市价折成人民币算账。当时市场上的小米市价波动不大,但是用小米市价折合下来的钱是有限的,大家都是十八九岁的青年,饭量本来就大,尽管有时搭配些高粱米,主粮消耗仍然不少,结果买副食的钱就所剩无几了,吃饭时大家都愿意和女生一桌,多少可以沾点光。可高粱米火气大,吃多了会便秘,两三天解不出大便来,于是吃饭问题便提出来了。

有人提出自力更生,利用后院的三分地种菜。我们有劳力,有肥料,还怕种不好菜?说干就干,很快就种上了茄子、辣椒、西红柿、黄瓜、南瓜、豆角等,这些菜因肥料足,生长的格外好,又新鲜,现摘现吃,一下子把伙食提升了一个等级,不仅不再吃高粱米,每周还可以吃上几顿白面馒头,几个月不见的红烧肉,也能吃上几顿了,充分显示出劳动的威力。

暑假来了,有四十多天,怎么度假?家境好的大多回家了,我们几个家境不太好的同学就想到煤矿去看看,看看煤矿究竟什么样子,煤矿工人生活怎么样?于是就请学校与矿方联系,焦作矿务局表示十分欢迎,说妥了我们就到李封矿去体验生活。当时矿务局有两座矿井,王峰矿和李封矿,矿上安排我们的"宿舍"是一间大约十五平方米的房间,每人一张床,都是木板床,被褥都很厚,没有双层铺,比学校的宿舍还高级一点。体验安排是在李封矿井下选了一个短巷的掘进头,派了一位工人师傅带领我们搞掘进,抬着小电钻打眼,装药爆破由工人操作,以确保安全。支架是梯形木棚,梁柱的切口也由工人帮忙,我们就是当个小工。一个班下来居然也掘进了一米多,架了一个小木棚,指导我们的工人很热情,而且很认真,看得出来他们很喜欢我们这样的大学生,虽然啥也不会可学习很用心,没有一点架子。

一次,附近大巷发生冒顶了,工人师傅就带我们到大巷里去看怎么修复冒顶。那可是较劲的活儿,级别高的工人在最上面,直接面对冒落的顶,等级稍低的工人则从下面给上面送料,谁也不说什么,反正心里有数。

下班了,我们也学着工人的样子,交矿灯,洗涤,换衣服,吃保健馒头。夜里我们的宿舍可热闹了,好多工人都像看望自己的孩子一样来看我们,和我们讲矿上的趣事。有两个八级标(八级是工人技术等级最高级别)经常来,后来别的老工人告诉我们,整个李封矿就那么几个八级大标，是矿上的宝贝，平时很少下井，到了出大事故时大标就责无旁贷地下去抢险，起顶梁柱的作用。一个月的体验生活，不知不觉就过去了，我们走的那天好多没上班的工人都来送我们，那个场面真令人难忘，也说明了我们这几个大学生体验期间的表现还算不错。

后来燃料工业部决定焦作工学院迁往天津，校名改为中国矿业学院。焦作二十个月的学习生活就要结束了，这里的生活条件确实比较艰苦，可是我们这批年轻人并不感到多么苦，而是在师长的教导下认真学习。就在迁津前一个月，来了个特殊任务，选派四名优秀团员护送几位教授的家属去天津，我被选中了。这可不是一般的护送，因为当时的火车要先从新乡到北京，次日转车去天津，车上没有座位，我们机灵地占了座位让夫人和孩子们坐，站在过道里帮他们打开水、到站台上买吃的东西，相当辛苦。到了北京，为了便于转火车就在前门外燃料工业部的粮食店招待所住下，第二天转火车赴天津。这一路我们几个“勤务兵”尽心尽力，一心把教授的家属照顾好，所以博得了他们的齐声赞扬。

初到天津，眼睛一亮，天津是大城市，比起焦作自然繁华许多。而最令人吃惊的是，我们的校舍竟然是当年天津最豪华的开滦大楼和泰来饭店。开滦大楼是外商开办的开滦矿务局天津总部，当时燃料工业部安排，给开滦矿务局保留底层继续办公，上面二三四层全部作为我们的教室。这里地板全都是打蜡的，扫地都是用拖布粘着煤油除灰，十分光滑，人走在上面不小心都会滑倒，教室的窗子是钢窗，很严密，玻璃也很明亮，门是厚重的实木门，门上都有缓冲装置，无论你怎么用力关门，总是轻轻地扣上毫无声响。

再说作为宿舍用的泰来饭店，这是当时天津最高档的住宅楼，每套客房都有卫生间，还外带一个小阳台，新分配来的助教和大三以上的同学两个人就可以住一间套房。

从焦作到天津学校条件有了极大的改善，可以看到国家办学的决心。1951 年学校正式改名为中国矿业学院，直属燃料工业部，部长陈郁亲自兼任院长，而且在开学典礼上讲话，讲开发矿业的重要性，讲中国矿业学院要做老母鸡要下蛋（意思是要培养出几个矿业学院来）。

不久，迎来了“全国院系大调整”，清华大学的采矿系、北洋大学的采矿系、唐山交大的采矿系等都调整到中国矿业学院，使中国矿业学院成为矿业名师荟萃之地，办学实力进一步提升。为了强化矿业教育，部里又请到一批苏联矿业教育专家来校传授苏联的矿业经验。

为了迎接苏联专家的到来，当时主持矿院工作的吴子牧副院长敏锐地察觉到仅仅依靠部里选派的几名翻译是远远不够的，必须自己培养俄语人才。他下决心组织俄文专修班，利用小楼开俄语班，这座楼又称“小白楼”，请天津的“白俄罗斯人”做教师，要求用 8 个月的时间达到直接与专家对话的水平。学员由几部分组成：新分来的助教有于北熊、周士瑜、胡天禄；大四班的学生有平寿康、马伟民、程伯仁等；大三班的学生有彭世济、我、周国铨等。

我们进了“小白楼”不得讲中文。为了练成俄语中的卷舌音(ρ)对着镜子叫了好几天，这个字母是俄语的第一个字母，十分重要。后来这批俄专的学员基本上达到了直接听专家讲课不用翻译的要求，向专家请教和接受专家指导也能基本达意，而且情急生智，也学会拐弯，用另一种方法表达自己的意思，大大提高了学习效率。专家也基本满意，因为比起通过翻译沟通方便很多。俄专一结业，我就转入研53班，师从基里雅契科夫教授攻读研究生。

在院系大调整过程中，家里传来噩耗，父亲于1951年冬去世，享年六十二岁。父亲于我不是一般的父子之爱，从1936年带我到西安开始到1949年上海解放，这十三四年，我从未离开过父亲半步，他在重庆又当父亲又当母亲，不只是生活的照料，还总是为我找最好的学校上学，为我打下了坚实的为人处世的基础，这是我终身受用又永志不忘的。我当时无法返沪奔丧，唯有更加发奋努力，学好本领，建设伟大的祖国，来报答我敬爱的父亲。

1954年中国矿业学院结束了天津的生活，迁到北京，改名为北京矿业学院，我在研53班攻读研究生。我们从大三抽调到俄专时，就算提前毕业了，1953年直接攻读研究生，要先补大三大四的基础课。这样，我就在1953年参加“工作”了。用一年时间恶补基础课，1954年接到了新任务，要派彭世济、骆中洲和我去创办中国高校的露天采矿专业，我们仨被称为“露采三剑客”。怎么办呢？我们选择去阜新海洲露天煤矿和资格最老的抚顺露天煤矿学习。

我们先到阜新，当时海州露天煤矿是苏联设计的，是在废弃的十对小斜井的基础上扩建的，由单斗挖掘机将经过穿孔爆破的煤岩浆装入自翻车，用电机车经铁路分别运往排土场和储煤场。主持技术工作的是刚从苏联学习归来的卜凡和袁乃勤，我们拜他们为师，学习露天采矿的各个生产环节，晚上回到阜新的招待所，好在路也不远，大步流星半个小时也就到了。不过有一次让我领教了阜新“黄毛风”的威力。大约离招待所还有二三百米远，狂风刮起来了，我们这样的小伙子顶着风走不动，要侧着身子奋力往前挪，真是举步维艰，这一小段路居然走了半个小时，进到招待所才发现每个人的眼角都挂着一长串细沙。狂风连续刮了两天，招待所里的客人也都不出门了，天昏地暗，怪不得叫“黄毛风”①。

我们住招待所三人一间，一项重要任务就是翻译苏联露天采矿权威舍什科夫教授的专著《露天采矿学》。俄语的语法比较简单，由六个“格”管着，所以看懂原文不难，但是怎样用汉字词汇准确表达露天采矿中的专业用语呢？比如露天采矿都是一段一段往下采的，这个段叫什么？“台阶”“梯段”或“阶段”？于是三个人为了一个名词吵得不可开交，大家都年少气盛，谁也不让谁，最后是表决，少数服从多数。所以说这本译著是“吵”出来的。

阜新海州的实习结束了，译著也有了初稿，下一步就是要到抚顺西露天去学习。抚顺西露天矿早在日寇占领时期就开采了，已经形成了长6千米、宽2千米的巨大采场。西露天矿的人自豪地说，抚顺西露天矿有多大？地图上有一个疙瘩(意思是大到地图上可以点

① 黄毛风即现今说的沙尘暴。

个点)。当时苏联列宁格勒矿井设计院组织了一批专家在抚顺矿区搞扩建设计,我们很想参加到他们的队伍里,可以直接学习到许多东西。为此,校办建议我们去找钟子云写封介绍信,这样会顺利一些。当时钟子云身为煤炭工业部副部长又兼北京矿业学院副院长。我们就去找钟副院长,他问明来意答应了,当即提笔给部里写了个介绍信。我们拿着信到部里,果然是办公厅主任出面接待并同意我们以教师身份参加抚顺总体改扩建工作。这里还有一个小插曲,就是钟子云写的介绍信上的签名,谁也看不明白,只是连续画了几个圈,可到了部里就管用,真有意思。

到了抚顺我们马上加入到改扩建工作组里,当然,我们的重点仍在采掘场和排土场。西露天矿当年开采顶部的油母页岩富矿和本层煤(巨厚层),由单斗挖掘机将爆破后的煤岩装上自翻车,剥离的土岩由电机车牵引列车经过几道折返坑线运出采场,再运往排土场;油母页岩富矿和本层煤在坑内卸入东西两个大卷①的箕斗中,提升至适当水平将物料卸入窄轨矿车运往储矿场。对日本人搞的这一套复杂的坑内运输系统,苏联专家组并没有提出多少改动,只是想把运输能力再提高一点而已。表面上看,与阜新海州露天煤矿的系统差不多,实质上我们以专业角度看,两者迥异。海州露天矿用的也是铁道折返坑线,可是坑线设在非工作帮上,是相对固定的;而抚顺西露天矿的铁道折返坑线是设在工作帮上的,必须随着工作帮的推进而移动,我们把它叫作"移动坑线"。二者各有利弊,在这里就不详细说了。

在抚顺总体改扩建中,煤炭工业部专家工作室也派出了几名翻译配合苏联专家工作。这里面就有后来成为我爱人的陆美玲,但在抚顺我们只是一般工作接触,彼此有点初步印象而已。在西露天矿最大的收获可能就算是进一步了解到铁道运输对露天矿的重要性。以西露天矿出沟口的上二段站为例,这个站的行车密度是惊人的,每三分钟就有一对(一重一空)列车通过,这么大的行车密度比国铁干线高了好几倍,它的信号集闭(通讯信号系统)也是最先进的,国铁搞电气化铁路都要到这里来学习。

从抚顺回到北京,我们就提出了运输的问题,一致同意要有人专门学习运输,很快就定下来由我去改攻运输,重点是铁道运输,目标就定在北京铁道学院(红果园),为期一年,因为当时正在生产的两座大露天矿都是铁道运输,而且这种工艺的主要设备,包括小型单斗挖掘机、自翻车和电机车,国内都能制造。我走进"红果园",学院安排我和铁院的讲师(病号)谢勋烝同住一间大宿舍。谢老师对我很友好,问清楚了我的进修目的后主动指导我说:"你要学'车务系'的课,这些课我都熟,由我来帮你选课。"次日,谢老师就从教务处拿来了全院的课表,告诉我哪门课应该听哪位老师的,不仅要选最好的,而且时间不互相冲突。就这样花了两天时间,就搞定了,一共是二十门课,听的都是比较权威的老师讲课,效果自然不一般。一年下来,大概除了商务电务,其他的基本都学了一遍,效率之高自不待言。后又师从露天专家阿尔先捷夫,并自译了苏联里热夫斯基的《露天矿边界设计》,译者用笔名:左

① 大卷即露天采场绞车(卷扬机)提升系统设备简称。

敬文。在阿尔先捷夫的指导下,北京矿业学院开办了我国第一个露天采矿研究生班,共 25 人,为新中国的露天采矿事业培养出了一批高级专业人才。阿尔先捷夫开创的“均衡剥采比理论”从此成为我国露天煤矿设计的指导思想,一直沿用至今。从 1954 年起,学校正式招收露天采矿专业的本科生。

从铁道学院进修回来,我已经从采矿系转到机电系了。因为运输教研室在机电系,我的研究生毕业证书也是北京矿业学院机电系矿山电子专业。这时的任务就是编写高校的《露天矿运输》,并为露 54 级同学讲课做准备,基础是苏联耶古尔诺夫著的中专教材《露天矿运输》,重点是揉进铁道运输部分和数学应用部分。这里面有不少待解之谜,为了编写教材,我决定向北京煤矿设计院的运输专家特列乞雅科夫请教,而这位苏联专家的翻译竟然就是陆美玲！这无疑是天赐姻缘,经过一段时间的交往,终于确定了恋爱关系,不久就举办了婚礼。

我们的婚礼是在北京煤矿设计院举行的,有点现代化的味道。婚礼由专家工作室主任主持,参加的主要是美玲的同事,大家分吃了我们的喜糖,开了一阵玩笑,热闹了一阵就散了,我们的洞房就在设计院的宿舍,被褥全是新的,总共也没花多少钱。婚礼中的小插曲是:我们去办结婚证时,要核对出生年月,所有的农历一律要查万年历。结果,我们俩的生日都是 8 月 18 日,只是在年份上差一年,这是太巧了。这算是“天作之合”吧。

## 整风反右,去当农民

整风运动开始了,校园里贴出了不少大字报。以外语教研室教师为主,写了一张大字报,标题是“党员优待条例”,内容就是揭露批评在提职、提薪、分房等方面对党员特别优待的问题,大字报落款为“喀秋莎”,故又简称为“喀秋莎条例”(注:喀秋莎是当时苏联发明的一种火箭炮,能连续发射十数枚炮弹,火力十分强大)。这张大字报引起了巨大反响,因为整风中已揭露出不少党员条例优待的事例,也引起群众的一些不满情绪,因而获得不少群众的支持。也有一些人不以为然,认为大字报有点“小题大做”。

我正忙于初登讲台,为露 54 级开设“露天矿运输”课程,教材是由我参照苏联中专教材和北京铁道学院进修一年所获得的资料综合编写的。这种边编边印的讲课方式多少令我紧张,我第一届招收露采专业(露 54 级)有两个班,中南矿冶学院也第一次招了露采专业一个班,连同他们露采教研室的几位教师也来听课,此外还有沈阳煤矿设计研究院的几位工程师,加起来近 110 人,阶梯教室坐得满满的。在这种情况下,我根本无暇顾及整风运动,何况要向党提意见我也提不出什么来,所以我是没有什么“右派言论”的。

不过,话说回来,当我看到小餐厅门前的这张大字报时,还是觉得党员享受这种优待不合适,而且还联想到宋代范仲淹在《岳阳楼记》中的名句“先天下之忧而忧,后天下之乐而乐”，当时在我的心目中，这才是一个共产党员应有的胸襟，所以对这个“条例”还是认同的，但并不完全赞同。正因为如此，当教材科的工友请我帮他们写标语时，我慨然应允，写了几张“喀秋莎，我们支持你！”，落款是教材科群众。此事我在小组会上说过，并未隐瞒。

到年底时，许多被列为“右派”的人都处理了，我却一直挂着。其时，苏联援华的露天专家阿尔先捷夫正在组织露天采矿学报告会，有许多论文要中译俄，也有少数是俄译中的。我就被调去做翻译论文的工作，到 1958 年 2 月 14 日才接到通知：“你被定为资产阶级右派分子，按第 5 类处理，降级降薪。”工资由研究生毕业时的 11 级 69 元降为 12 级 56 元，并立即下乡劳动。

下乡劳动的地点是北京南口亭自庄乡的北小营村第五生产队。这个生产队有三十多户，不足百人，是一个中等富裕的队。下放劳动的有 15 人，他们中有划为“右派”的，也有未划为“右派”的，对外都是说是“下放干部”，算是保留一点知识分子的颜面。先期到队的已经干了一个多月了，主要是参加妇女队下地薅秧(除草)。队上有食堂，一日两餐，早餐在九点左右，晚餐在下午五点左右。由于五队地界较宽，通常早餐前都在场上或队部附近干活。早餐后才下大田，晚餐后也是打场或就近干活。

我到五队报到后，也是跟妇女组干活，我们比农民多一项任务就是晚上还有 1 小时的政治学习，读上级文件或者座谈劳动心得体会等。洗漱后就上大炕，这是一个大通铺，用玉米棒子烧火取暖。我从未睡过这种火炕，但是这种炕可比家里的床舒服多了，一来暖和，二来解乏，所以上了炕拉好被子倒头就睡，可以说连睡的姿势还没摆好就已经睡着了，而且还特别解乏。

对于划为“右派”分子下乡劳动，我的想法极其简单，也可以说是幼稚，从政治上说我连当“右派”都不合格，犯了错误改正就是了，既然下了乡，就好好当农民。这是我的真实思想，就这么简单，回想起来甚至还有点可笑。但是要当农民，一个大老爷们不应该跟妇女组干活，应该跟男劳力一起干活。有了这个想法，几天后我就去找五队的李队长，请他们帮我借一把大锄，并把我调到大田组。李队长笑了笑对我说：“不是小瞧你，你们一介书生干不了大田的活。”我听了便坚定了去大田组的决心，可心里的确没有底，究竟我这个“一介书生”干不干得了。我对李队长说：“咱们来个君子协定，你让我在大田组试用一个月，真要不行，我再回妇女组就是了。”李队长显然很欣赏我的决心，就答应了。第二天，李队长给我借了一把好大锄，所谓的好就是已用过一段时间，但还很新，这样的大锄比全新的好用，这也可以看出队长的用心。

下大田的第一天就是耪玉米道，大约有两尺高。南口的大田垅都很长，短的 500 米，长的 1 000 米以上。干活的第一关就是两步三脚窝，意思是后脚要踩在前脚窝里(耙地就是松土，要把玉米周围的土耙松并加盖在玉米根上，由于是前进式松土，如果后脚不踩在前脚窝里,刚松的土就被踩实了)。老农都是这么干的,可我们不习惯,一踩前脚窝,步子当然就慢了。等到我耙完一陇出来,干活的农民都不见了。我又不懂“折陇”的规矩,只好坐在地头抽烟。几分钟后队长出来了,对我说:“你是这一陇,原来你耪的第几陇,折过去仍然是第几陇。”这一迈步关大约一周后才能勉强跟上别人,还很吃力。

这第二关就是起水泡,几天大田下来两手的每个手指都磨起了水泡,除拇指外,其余每根手指都是三个水泡,握着大锄重似千斤,疼痛之极,我心想必须咬牙闯过这一关,我就用锄把水泡挤压破了,流了点血水,再磨就成茧子。捏着大锄再也不痛了。这一关大约也用了一周,这可是最艰难的一周。

给玉米耪地第四遍时,才真正体会到什么叫“青纱帐”,这时玉米已长高约2米,陇内热气蒸人,你还必须穿长袖衬衫,因为玉米叶会把皮肤揦出一道道血印,再加上大汗淋漓,十分难受。这是玉米地最后一遍松土,玉米已结棒,就等收获了。南口地区收玉米是这么个程序,先收玉米棒子,再砍玉米秆子,最后留下约半米长的杆子要用短锄连根挖起来肥田用。使用短锄要用点猛劲,不然玉米根挖不出来。至此,可以说玉米生产的全过程除点播和间苗外,我都经历过了。在耙地的间歇里也会干些捣粪、翻红薯秧之类的轻活。

一个月后,我在大田组的使用期已满,李队长虽然没有表扬我,但没有让我回妇女组,就说明使用合格了嘛!这期间还有几件事值得回味的。一天收工时,李队长叫我第二天到场房去上班,我答应了但并不知道就里。第二天打完早工,吃了早饭就来到场房,队长已然坐在炕上等我,说:“今天你的任务就是把我们五队上半年的总结写好。”接着他把五队的情况对我说了一遍,我详细地记录下来,然后做了一些整合编辑,“总结”出来了,他看了以后似乎很满意。这时天色开始暗下来,到了晚餐时间,不料队长没有让我去食堂吃饭的意思,而是让我在炕上等着,他神秘地拿起一柄竹耙到场上去了,不一会儿他就捧了一箩筐花生回来了,说:“今天你写总结辛苦了,来一顿花生宴吧。”他把花生倒进灶火膛里,用火钩扒了一些玉米棒子的红炭下来,十来分钟后花生熟了,又香又脆。这可是我平生第一回拿花生当饭吃,比起食堂的伙食自然是好多了,这是队长在犒劳我。

有一天,队长突然通知我:“你媳妇来看望你了,我已安排了一间空房,也有火炕,你这就收工去看你媳妇吧。”我多少有点吃惊,一是我们这一批“下放干部”中还没有家属来看望的先例,二是美玲只身从北京赶来,小年(我大儿子的小名)虽然上的“洁如托儿所”(王光美办的幼儿园)是全托,但这会给她带来不好的影响。心里虽然忐忑不安,却又非常高兴,知道美玲关心我,一定要亲眼看看我这个“农民”当得怎么样?李队长的安排也让我很受感动,毕竟我只是他手下一个匆匆过客,这也可以看出他对我的表现还是满意的。见了面当然先说我扛大锄的经过,好在手上的水泡已经成老茧了,玲也放心了。我听到年儿在洁如托儿所很好,贵是贵了点,但很安全,周日也不能回家,父母只能从高高的窗口看望一下(孩子看不到），而且每餐都喂鱼肝油和骨粉，帮助孩子成长，我也很开心。玲在五队只待了一天，次日就回矿院了。事后，同组的人都夸我有个知疼知热的好媳妇，倒没听到什么闲话，心里感到美滋滋的。

1958 年 6 月 12 日，《人民日报》“以卫星农业发展社发出第二颗卫星”为题，报道了河南遂平县某社实现了小麦亩产 3 821 斤。当时在基层应该说没有人会相信这个数字，但绝大多数人选择了沉默，可心中的疑团无法排解。以后，卫星越放越高，很快就出现了三万多斤的亩产。记得有一天打场休息的时候，老林挨着我坐在大方木上突然问我：“你知道三万多斤稻谷堆在场上有多少吗?”我苦笑一下说：“你算是考着我了，我哪会有这个概念呢!”他手指着干活的“场”：“如果这块“场”有一亩地，三万多斤稻谷堆起来要有一尺多高，这可能吗?”接着老林深情地说出下面一番话，令我震撼并终生难忘。他说：“我看你们在城里也不好混，这要混不下去，你就到我家来，我家三代贫农，我不怕!”我只能动情地说：“谢谢你，我记下了。”一个老实巴交的贫农对一个“下放干部”（农民都很清楚，这些都是在城里没有“混”好的人），说出这么重情的话，充分说明他对我的功劳是认可的，农民可不管你是什么分子。

终于来了通知，结束下放返校，要求行前要给五队“做好事”。其实，当时我每天劳动已达 14 个小时，要做好事只有早工前给食堂挑水了，要把食堂的两口大缸挑满，大约要挑 12 挑。水井离食堂也就几十米，但要上七八个台阶，还要把 40 斤一个的水桶举过肩头倒进缸里，这些对我来说都不在话下，倒是从井里打水经常掉桶让我有点发怵。原来食堂水井没有安装辘轳，要用扁担钩打水，用扁担钩钩在水桶的提梁上住井里水面上摆动水桶，摆到水桶口向下时猛然一松，水桶就装满水了，关键是钩和提梁一直连在一起，刚练打水时，总是脱钩，要请人用长杆子把沉到井底的水桶捞上来。后来熟能生巧，便很少掉桶了。可是肩头太软又不会换肩，几个月下来右肩头上已经长出一个鹅蛋大的肉包，扁担压上去倒是不像压在肩胛骨上那样痛了，可惜左肩没有练好，只长出一个鸡蛋，直到现在我的右肩总是塌下一点。

1958 年元月 26 日，我结束了九个月的农民生活，回到学校，任务是干拆城墙的活儿，同时总结改造的成果。我在大田组干了几个月，力气见长，饭量也见长，每顿饭要吃两个窝窝头。一个窝头熟重一斤四两，两个就是二斤八两，除了米汤外，只有两根拇指粗的咸萝卜条。这时明显感到三十二斤的定量不够了，到院里开了证明，再到海淀区审批，一批就增加到四十七斤。拆城墙活太重，实际上还要占点美玲的光，估计一个月吃六十斤左右，这是总结的第一条；第二条就是身体健壮了，洗淋浴时手臂一伸背后就是三条肌肉，看来当农民真练好了身体；再有就是懂得了农民真辛苦，虽然还算较为富裕的村子，也就是混个“肚儿圆”，如此而已。

当时我的身体不错，练就了一身肌肉，劳动再苦再累比起亭自庄来都是小巫见大巫，不在话下。其实拆城墙的劳动强度相当大,北京的老城墙一块砖足有十来千克,砖缝是用石灰加糯米汁粘结,十分牢固。拆的时候要用镐头把砖扒开,这时要用点巧劲,弄不好砖就会被扒断,扒下来的砖再顺斜坡滚到墙角上,装上大车用绳子缆好拉回学校,沿途遥远,一天也只能拉一趟。

拆了一阵城墙我被调回学校学习。正值苏联专家阿尔先捷夫举办第一届露天采矿研究生班和露天采矿学术报告会,我便回到了采矿系参与论文的中翻俄和俄翻中工作。

# 第四章　云南成长(1959～1979年)

**重点回顾**

1959年4月5日组织上正式宣布处理决定,以支援边疆教育的名义调我去云南煤炭学院。当时并没有调美玲的决定,是我回家告诉美玲我的处理决定后,美玲高瞻远瞩决定与我同行,就向组织提交了请调报告,组织上批准了。决定之后就准备了三天,4月9日全家四口离开北京矿业学院奔赴几千公里外的云南。

到了云南煤炭学院后,经露54级的周宪一和严功勋推荐,转到昆明煤炭设计研究院,这一干就是二十年。昆明煤炭设计院成为我从理论走向实践的培训基地。在漫长的岁月里,我对工作从不挑拣,总是服从组织安排,埋头苦干,先后干过井工开采、露天开采、运输、测量等专业的设计工作,几乎跑遍了云南各州县,除了现场设计外,还担任过驻地质队的地质代表和驻施工单位的施工代表。二十年间,我参与了十多座露天矿和矿井的设计、施工、咨询、评审,长期的实际工作把一个高校教师锻炼成为有理论、有实践又有丰富实战经验的专业人才。

## 昆明岁月

1959年4月5日,组织通知以支援边疆教育的名义把我调往云南煤炭学院,我当然要服从组织安排,至于美玲和这个家,我还来不及思考,倒是美玲听了我调动的事就当机立断,抱上才四个多月的小捷,随我毅然踏上了入滇之旅。现在看来,当初的决定虽然有点突然,可确是很正确的。

但是,确实没有考虑到这么拖家带口(四口之家)去往千里之外的云南,旅途有多么艰难。4月9日我们在北京买火车票只能买到贵州安顺,到了安顺要改乘长途客车到云南省沾益,从沾益再换乘小火车才能到昆明。车到昆明已经是后半夜了,美玲搂着才四个月大的捷儿在车站里躺在打开的被子里。天亮了,只见来了一个工作人员,用皮靴踢了踢美玲的枕头,喊着:“起来了! 起来了!”这就是昆明给我们的“见面礼”。这一幕如此深刻,至今仍历历在目。

4月14日,我们到云南煤炭学院报到。云南煤炭学院实际上尚不存在,因为什么都没有,徒有一块校牌,依附在昆明工学院内,借了两间教室就算是开办了。我们报到后就住到长春路的木板房里,我们住楼上,楼下是物理组的李炽夫妇。长春路的全部木板房现已不复存在,整个长春路在1989年昆明园艺博览会前全部拆除,成了人民路的一部分。

美玲接到任务是教外语,不是俄语而是英语。美玲很自觉,立即改学英语,靠着原来中学的一点底子,硬是咬牙转过来了,想想真不容易,幸亏年轻才挺过来了。这样,美玲就在工学院里立住脚了,还给分了房子,与另一位周老师合住一套房,孩子上学也好办一些。

我先是搞云南煤炭学院筹建,到街上采购理化实验用品,烧杯、酒精灯之类。没过几天,突然通知我去昆明煤矿设计院上班。原来是露54级的周宪一和严功勋毕业后分配到沈阳煤矿设计院抚顺分院,被昆明煤矿设计院借来支援露天采矿。他俩听说我来了,就对昆明设计院说教他们的于老师来昆明了,于老师可比他们强多了。好在这几个单位都属煤炭系统,都归云南省煤炭工业厅管,领导一沟通,5月4日我就被借到昆明煤矿设计院采矿科。当时设计院院长许兆玉对我很好,我一报到就让我给采矿科讲露天采矿,我备课也很认真,当然重点就是阿尔先捷夫的分期剥采比均衡理论。

5月下旬,云南煤炭学院筹建处又把我要回去几天,很快又回到设计院。到8月份,组织上通知我正式调入昆明煤矿设计院。调入后第一个项目就是编制可保的露天(300万吨/年)方案和扩大初步设计,工作量很大,由于可保露天矿涵盖整个小街向斜,所以图纸都很大,当时又没掌握图纸缩放技术,只能把几块零号图板拼起来,又缺乏大案桌,结果闹了好几次人从图版中压掉下去,把图弄破的笑话。这个项目一直干到1961年春节,算是告一段落。其实这个项目的最大收获不是扩大初设的完成,而是懂得了褐煤露天矿的关键在于对和褐煤结构的分析。后来证实,小街向斜的中心部位,褐煤分层过细,有的根本没有开采价值。因为露天开采不同于矿井,矿井可以选择合适的分层开采,而露天矿却要全层开采,把不合适的分层也囊括进来,这就降低了开采价值。

1961年4月6日,组织正式通知我,摘掉"右派分子"的帽子,许兆玉院长找我谈话,肯定我的工作和表现,工资也从56元/月调到62元/月。

## 面对粮荒

云南处云贵高原,气候宜人,土壤肥沃,物产丰富,被称为"七彩云南"。全省由一百多个小盆地组成。盆地中心的"坝子"往往就是一座县城,这里条件优越,多种水稻、玉米,南部的坝子可一年两熟,甚至一年三熟,周边的山区出产许多山货和名贵药材,如核桃、板栗、三七、天麻等。要说云南发生粮荒,简直是不可想象的事,可在1962年和1963年粮荒就发生了。也许是地处边界，什么都比内地晚三拍，慢三拍，1962 年内地的灾情已开始好转了，云南却才开始，这是我们进入云南以来第一次要面对的灾情。

突现浮肿：昆明煤炭设计院当时还没有自己的房子，是借用林业部门的楼房，这栋楼内没有厕所，要到楼外如厕。那里住的大多是年轻人，可突然发现大家到楼外如厕都是一路小跑，而且有人开始觉得憋不住尿，于是就有人怀疑患上了浮肿病，一查果然不少人都浮肿，有的还较严重。从 1959 年我们到云南开始，粮食定量从 30 斤减到 27 斤，后来为了保粮保钢，每人每月节约 4 斤，每月只有 23 斤，每天也就是七两，只够大肚汉一顿的量，所以浮肿就是必然的了。查出来病怎么办？每位浮肿者发了两桶“康乐粉”，大约是一市斤左右，康乐粉就是黄豆粉加了点红糖，吃完了问题仍然解决不了。

自力更生：这对我们家来说，不是一句口号，而是有丰富内容的。美玲在昆明工学院分到了房子，与一位姓周的老师拼住一套。住宅周边有些花圃和空地，面积虽然很小(一共大概一分地)，可起了大作用。我们家 1961 年 9 月又添了子毅，五口之家可不容易，我们种了洋丝瓜(佛手瓜)、洋姜、南瓜，还养了几只小鸡。洋丝瓜产量很高，可作为瓜菜，多少也顶小部分粮食。洋姜产量也不低，特别是经美玲加工后，做成的咸菜又香又甜，味道真不错，小小的一块地发挥出了很大的作用。美玲的外语组在校内边的空地上种的花叶苦菜，质量上乘，分给美玲好几十斤，她也加工成酸腌菜，味道好极了。

以糖补粮：糖能补粮这是常识，要是能买到糖，那就不会闹粮荒了，因为糖比粮食贵多了。我们拿来补粮的是廉价的糖。云南好多县的坝子，特别是南部的坝子，多种甘蔗，甘蔗就是用来榨糖的，产值可比粮食高多了。可是库存的糖如果时间过长，就会变质，会糖稀化。库存时间多长变质与当时当地的气温和湿度等有关，在存糖变质之前就要处理，一般就是降价出售，即所谓的“平价糖”，价钱只比粮价略高一点，买到这种糖回来立即开始使用，是比较合算的。我们在专县和海南都遇上过廉价糖，就买回来顶粮食，或多或少解决了一些粮荒问题。

下乡采购：“文化大革命”期间利用我们在矿区搞现场设计的机会在矿区所在的农贸集镇上买一些便宜的鸡蛋、鸡或菜籽油之类的食品，也省下了不少钱。这个任务自然由我来承担，院里规定两个月回院述职 2～3 天，即返回矿区。我们在矿区生活枯燥无味，平时下班休息时间不少同事都相约打打桥牌，周日到附近集镇上去采购，积累到回院述职时就捎回家。而我还担着一个地质代表的差事，就是作为设计院派驻地质队的代表，从设计需要的角度对地质勘查提出意见，我为此连桥牌也不打了，抽空就研究地质资料。有一次还真让我发现了问题，田坝煤矿三号井穿门石门的方向搞反了。时值周末，工地技术员都下班了，我就独自跑到现场告诉他们赶紧停下来，改向反方向打。工地的队长说技术员都下班了，上班再说。说得简单，这一下子就得损失好几十米石门。我因为心里有把握，就告诉队长马上改，出了问题我负责，果然改向以后很快见到煤层了。这件事影响还挺大，我也多少有点成就感。

回院述职的旅途也是十分艰苦的，多亏年轻，否则是吃不消的。记得有一次适逢春节回家，捎的东西不多，250 个鸡蛋、4 只老母鸡、6 斤一桶菜籽油，第一关就是搭车去火车站。虽然能直接到火车站，不用住宿，可这一关并不好过。背篓里 250 个鸡蛋够重的，另外两只手也没闲着，一手提鸡，一手提油，一出门就要走一段上坡路，车经过这里必然要减速，就在这个节骨眼上要眼疾手快，两手抓住后厢板单腿一跨就算上了车了，司机也算友好，明明看见我在后面扒车也佯装不知照样开车，到了车站就好办了。火车上挤一点倒也能挺过去，可到了昆明南窑火车站已晚点了两个多小时，公交车已停驶，下车时人多，请人帮个忙就把背篓背起来了，可出了车站要回昆工的家足有 6 千米路程，既无助又无奈，只能坚持。第一段走到铁路医院足有一千米，才歇了一下，这一身装备想歇不那么容易，必须找到一个 1.5 米左右的台阶，才能把背篓支在台阶上，让两肩多少歇一下，这就是为什么农民背背篓都带一根撑拐的原因，歇的时候背篓就支在撑拐上，可我没有撑拐只能找合适的台阶，而且越往市里走人越稀少，夜也越深。最担心的是遭到抢劫，当时武斗还没有全停。心里害怕而且歇的路段越来越短，一直坚持到小西门终于看到了几个巡逻，总算心里的石头落了地。真要碰上了抢劫的，我就打算把东西全都给他们，也要保命。估计到半夜两点多，拖着疲惫的身子才回到昆工的家里，浑身像散了架一样，疲劳到了极点，这是我这一辈子最辛苦的旅程。

## 羊　场

在羊场煤矿杨家立井担任施工代表时间不长，一年多，可是对我而言，值得回顾的东西还真不少。

首先，我对施工代表并没有多少了解，让我当就去当了。后来才感觉到这里有不少值得思考的问题。我这个施工代表是设计院派出的，对施工单位而言，我是昆明煤矿设计院的代表，设计中发现了问题，我首当其冲应该予以解决。设计单位和施工单位本身就是一对矛盾，设计单位要求施工单位严格按设计图纸施工，而施工单位则要求设计图纸符合施工实际情况并正确无误。说起来好像挺简单，可碰到具体问题，往往纠纷不断，而且打起"官司"来，总是施工单位胜算，因为设计毕竟是纸面上的东西，只要施工单位一强调施工现场的实际，设计单位多半是"修正图纸"了事。

我担当了施工代表以后，可能是我对这个代表缺乏认识，因而也就没有什么包袱，反而直接面对现场的实际去考虑问题，许多问题反倒解决得比较顺利了。

一部矿井的设计，往往要二十多个不同专业的设计人员合作才能完成，可到了现场，施工代表就我一个。不管哪个专业的施工图出了问题，我都要做"检讨"，根本跟我没有关系，属于"冤枉检讨"，那也得做。后来我才发现，怪不得不少设计人员都不愿意下现场来干这个“施工代表”，除了现场生活条件当然比不上昆明之外，做“冤枉检讨”也是不少人所不愿意干的。

另外一个就是出现问题之后怎么处理，也是值得回顾的。我碰到了问题，不管涉及什么专业、跟我本人有没有关系，首先是想办法解决问题，而不是矛盾上交请设计院派人来解决。我一到现场，不少问题就地解决，家里(设计院)的领导就省了许多心。选煤厂排矸口设计漏项，明显地属于设计的问题，而论专业，属于钣金工，我没有干过钣金工的设计，但我到现场勘察以后，回来自己做，居然就把问题解决了。

有些问题出在施工单位，碰上这类问题我的原则是针对具体情况，尽量减少因此造成的损失。处理了这类事情后，施工单位也改变了对我这个施工代表的看法，和我交上了朋友，甚至在现场对我说:“你就放宽心，我们如果发现施工图纸有错误，我们会改正后再施工。”就这样，原来是矛盾的双方竟然还成了好朋友，事隔将近四十年，这帮朋友还想念我这个“施工代表”，千方百计找到我的电话，并要求在曲靖见面，也令我十分感动。

1965 年对于昆明煤炭设计院来说，应该是一个重要的年份，因为这一年，设计院组建了羊场设计队，开始接手羊场煤矿的设计任务，而在这之前，昆明煤炭设计院基本上都是为地方煤矿服务，几乎遍及云南省所有的州县。云南省有个特点，就是虽然地处云贵高原，却是由许多小平坝组成，一个小平坝往往就是一座县城，而每个县大都有小型烤烟和榨糖的工业，这就需要煤矿来支撑。所以各县也都有小煤窑，无论是煤炭还是烤烟、榨糖都是该县的支柱，而昆明煤炭设计院就是为这些小煤窑的规划设计服务。由于这些工业是县办，有的甚至是乡镇办的，投入的资金十分有限，因此搞规划设计的昆明煤炭设计院的业务收入也就少得可怜。但是，我们到这些县去，算是省里的干部，还是很受尊重和欢迎的。

接手羊场煤矿的设计任务后，情况大有改观。首先羊场煤矿属“统配”煤矿，投资由煤炭部筹划，比起县办小煤窑来就充裕了许多，而这些以前都是由部署的重庆设计院承担的。从 1965 年起，昆明院在服务于地方小煤窑的同时，也跻身“统配”煤矿设计行列，意义非同一般，而我从一开始就被编入羊场煤矿设计队，羊场煤矿不大，但井型齐全，有沙背冲平硐、曲古都斜井、杨家立井。

先说曲古都斜井。昆明院参与了该井的初步设计和施工图，当时羊场设计队规定每周要劳动一天，我就参加了斜井的掘进劳动。这是一个单一的井筒，不是一对，与风井构成通风系统，斜井为 25 度，掘进时用簸箕将爆破后的石碴抬起倒入斜井箕斗中，由绞车提升出井。由于井筒有淋水，因而石碴就堆在水里，用锹装入竹制簸箕后要靠人抬起才能倒入斜井箕斗中，这时抱抬，水就从簸箕里漏下来，胸部以下的工作服全是水浇的一般，好在一直在劳动，身上全是汗，倒也不觉得怎么样，可一上井就得赶紧往澡堂跑，因为浑身都是湿的，地面上的风一吹，冷得直打战。从这里也体会到了工人劳动的艰辛。

曲古都的另一个故事是关于白文良工程师的。白比我大一岁，属马，是搞土建的。由于斜井的井口选在一个山凹中,三面都是大山,为了防止大雨引发山洪倒灌斜井,就在山腰上设计一条防洪沟。这条沟底宽 0.5 米,两倒 1∶1.5 放坡,浆砌片石,猛一看恰似一条天河,而这正是白文良的杰作。当时羊场设计队也是以“阶级斗争”为纲,好事者就把白的这条“天河”作为浪费的典型作为重点批判对象,由于事关“阶级斗争”,谁也不过问,白也只有保持被批判的份儿。

人算不如天算,就在批判会前两三天的一个夜晚,老天突然下了一夜的雨,人们到山腰上一望,白文良的“天河”竟然满满当当,水面离“天河”边只有 20 厘米左右。这让“好事者”颇为尴尬,因为老天爷已经明确地告诉他们,这条天河设计得不错,并没有“浪费”,于是,批判的事也就不了了之,白在老天爷的帮助下算是躲过了一劫。

沙背冲平硐的设计,昆明院接手的是采区布置修改,我就是在这里了解到云南煤田地质的复杂性。原来以为矿井开拓工程完成后进入采区,依据煤层底板等高线布置工作面和采区井巷是比较简单的,接触到沙背冲平硐里的采区才知道,要想布置一个百米长的工作面是多么艰难。因为褶曲和中小断层把煤层破坏得很厉害,只有充分掌握地质所造成的破坏,才能勉强布置出一个回采工作面。这就是人们常说的,在云南建年生产量 21 万吨的矿井,相当于在华北地区建年产量 60 万吨的矿井的工程量,而其万吨掘进率有时更高,建设成本也相应升高。这种深刻的认识对于今后的施工图设计产生了重要的影响。

杨家立井的故事就比较多了。首先是许多施工图是从未做过的,比如马头门,这是立井特有的硐室,所以做过立井施工图后,几乎所有的矿井施工图都会做了,这对我是很大的锤炼。我在读本科期间虽然学的是矿井(这也许是领导把我从“露运科”调到羊场设计队的原因),也下过不少矿井,但从矿井设计的角度看,还真不如我读研究生攻读的露天采矿。好在杨家立井的项目负责人是陈伟兰工程师,在他的指导下,我也完成了一大批立井施工图。值得回味的是参与井筒施工劳动,当时对现场设计队管理比较严,每周必须跟班劳动一次,还要班长签字认可。这样我就参加了十来次井筒施工劳动,给自己留下了极为深刻的印象。

所谓井筒施工劳动,主要是砌井筒,至于井筒掘进中的打眼爆破从安全因素考虑,就不让我们参加了。上班了,穿上工作服,领了矿灯,跨进吊桶下到“吊盘”上,这时第一件事就是摘下眼镜装在衬衣口袋里,因为井筒里淋水很大,如果不摘下眼镜,淋水会挡住视线,很不安全。砌井筒的“料石”也由吊筒从地面运到吊盘上。我们的任务就是把砂浆抹好后,把料石砌到井筒上。说着容易,真干起来就不是那么简单了。每块料石都是五面光,除了最严整的一面面向内侧外,其余四面都必须灰缝严密,砂浆饱满,每块料石重约 30～35 千克,双手戴着帆布手套抱起料石,要靠“挺肚皮”才能把料石砌到位,关键是石料四面棱角锋利,不小心压着手指,这根手指就完了,所以一定要十分小心而且要全神贯注。在这里我真正体会到了工人们劳动的艰辛。当时仗着年轻,砌井劳动算是挺过来了。对此,班长也很满意，总想多发一个大糖包犒劳我。

1968 年，昆明院决定让我担任杨家立井项目的施工代表。这可是一个多数人都不愿意干的差事，原因有三。首先，一部立井项目的设计涉及十几个专业，参与设计的往往有二十多人，可派驻现场的施工代表只有一个。这就意味着施工过程中出现了设计中的任何问题，都会找施工代表解决。如果问题确在设计图纸上，不管是哪个专业的，作为施工代表都要做“检讨”，承认设计中的问题，这种检讨多数是冤枉的，因为根本不是从你手里出的问题。怎么解决呢？一是矛盾上交，报告设计院，请有关人士来现场解决，这一来一去很可能影响施工进度；另一个办法就是力争就地协商解决，我多半采用后一种办法。矛盾不上交，施工不受影响，这也许就是我长期担任施工代表的原因。大家不愿干施工代表的第二个原因是长期生活在现场，虽然规定每两个月回昆明 3～4 天汇报工作，但这样对孩子和家庭基本上没法照顾。最后还有一个经济问题，由于现场补助极低，每天才 0.27 元，显然自己还要贴钱，这样的赔本买卖，谁愿意干呢？

设计与施工本来就是一对矛盾，争吵、相互埋怨是常有的事。而在一般情况下，施工方往往问题占上风，因为设计毕竟是纸面上的东西，要靠施工才能变成现实。纸面上的东西，修改起来总要容易一些，而施工有问题，实现不了设计的意图，设计就落空了。所以，在我的思想里始终抱定“尊重”施工的原则。就是说，只要设计中发现了问题，我立即检讨、改正，即使不是我设计的。如果是施工中出了差错，我绝对不指责施工方，而是主动协助他们补救。实践证明，我的做法是正确的，一年多下来，我与施工单位成了相互支持的好朋友，确保了施工的顺利进行。

有这么几件事记忆犹新：

排矸口漏项。在选煤厂施工中施工方发现设计中没有排矸口，这完全是设计院的失误，我当即诚恳地做了检讨，虽然选煤厂设计几乎与我无关，但我是设计院的施工代表，就应该代表设计院做检讨。问题怎么解决呢？我仍坚持自己的原则，矛盾不上交，力争就地解决。排矸口就是要在手选胶带旁边的墙上开一个方形孔，墙外接上一段拐弯的方形钢板溜槽，下端接到窄轨矿车上。拐弯的钢板溜槽设计属典型的钣金工范畴，我是门外汉，只好现学现卖。到现场把尺寸量好，回到办公室足足三天时间，拐弯溜槽施工图就完成了，为了便于施工还出几张下料图。施工方照图施工，几天后就完成了。这件事对施工单位影响很大，因为一点也没有影响施工进度，而且实地试验了一下，排矸很顺利，我自己也多少有点成就感，我也能搞钣金工设计了。

采区变电所漏水。杨家立井的采区变电所设在第一阶段，距地面垂高 50～60 米。掘进硐室时正值旱季，打眼都冒“粉烟”呛人。没想到硐室掘好后雨季开始了，硐室顶部竟然嘀嘀嗒嗒下起小雨来。采区变电所里要安装电气开关柜，要求干燥，过于潮湿会造成漏电或开关失灵。这个问题主要还是设计方的责任，即设计时没有考虑雨季岩层渗漏的可能性。好在我与施工方已建立起了相互协作配合的关系,施工方也没有责怪设计院,我发现漏水后立即找了电工师傅到现场查看,看看能不能在现有空间做防水处理,会不会影响今后开关柜的操作。师傅看了以后认为空间还够开关柜操作,于是就在硐室顶和两侧加了双层油毡,同时加深硐室边沟以利排水,这样处置算是在没有加大工程量的前提下把问题解决了。这件事给我的教训是,设计时必须对方方面面都要周密考虑,一着不慎就会满盘皆输。

再一个问题就是电机车库。杨家立井井底车场旁设有一座电机车库,供修理电机车用。原设计的吊梁为一纵两横,施工中不知哪个环节出了问题,只安装了两根横梁,纵梁不见了,这使电机车库的空间高度降低了,不知道能不能用。这件事是因为施工单位没有按设计图纸施工,责任无疑归于施工单位,但碹都砌好了(施工时我尚未到任),相互指责推诿的结果只能是返工。考虑到我与施工方建立起来的信任关系,我毅然决定相互配合解决问题。首先需要确定空间高度降低后还能不能修理电机车。于是我请来了电机车司机,现场测量后发动机师傅认为缺了一根纵梁,修理电机车时不太方便,但如果再加一根横梁,电机车入库时把位置定好,完全可以开展检修工作。我听了以后一块石头落了地,电机车库不用返工了,只需加一根横梁即可,施工单位感激不尽,这件事在相互理解中协商解决了,节省了返工造成的损失。

由此我想了许多,设计与施工这一对矛盾怎么处理比较好呢?我认为施工是实打实的,无论是“没有按设计图纸施工”或是“设计图纸有误”,都会给国家造成损失。而这一对矛盾如果处理得好,就可以避免许多失误。

最令我感动的是,当时我们家粮食十分紧张,三个男孩子正在成长期,全家每月缺粮约80斤,到了我要回昆明述职时,施工单位会主动捐些粮票给我,这事总令我感动不已。

2010年,原云南省煤矿基建公司王德润工程师突然打电话到我家,说几经周折才查到了我的电话,告诉我原来羊场煤矿施工的许多人都很想念我,听说我在昆明买了房子夏天来避暑,让我去看看他们。到昆明后我就策划去曲靖看望这帮老朋友,交通问题只有请原昆明煤炭设计院矿大校友许吉明帮忙了。那天许吉明派他的司机到我家,十点左右把我送就到了原煤炭基本建设公司总部,许多老朋友闻讯都来看我,许多共事的老朋友有尼方满、毕永久、张德昌、李毅民、曹传湘等,晚上由我做东在饭店里聚了一顿,大家畅谈施工的岁月,兴致勃勃,充满了欢声笑语,连送我来曲靖的司机都十分感动。餐后,考虑到不少人年事已高,腿脚不便,我又请司机把他们都送回家,最后在公司门口依依惜别。回昆明的路上,司机对我说:“你的这些朋友见到你这么高兴,真是太难得了。”回头想想,在施工一年多的时间里建立起来的这种友情,历经四十年而不衰,难道还算不上人生的一朵美丽的浪花吗?

# 第五章　重执教鞭(1979～1999年)

“四人帮”垮台后,国民经济已处崩溃边缘,可谓百业待举,百废待兴。1978年,时任矿院露天采矿教研室主任的范奇文写信给昆明的我,希望我能回母校重任教师,一石激起千层浪,我接信后反复考虑了整整三个月。当时矿院已搬迁至四川省合川县的三汇坝镇,由于发现当地有地方病,校方正千方百计从合川迁出,迁校的目的地定在徐州。我心里很矛盾,不回去吧,估计三五年内不会有多少设计任务,在设计院也是浪费年华;如果回去,重新执教还是要花费一番功夫,反复权衡,又与老伴考量再三,最后还是下决心回母校。一是自己已年近半百,实在不能再虚度光阴了;二是把这二十年的实践所得传给学生,让他们将来大展宏图,也是人生一大乐事。于是提笔回复奇文,并建议他通过煤炭部来调,毕竟我还在煤炭系统工作,如直接找云南省是调不成的,果然通过煤炭部干部司的指名调令加上近半年的多方努力,终于成功了。我和夫人陆美玲于1979年9月调回时在三汇坝的四川矿业学院。离昆时,昆明煤矿设计院有六十多人来车站送行,足见情深义重。

当时矿院师资十分紧张,我一到三汇坝就赶上露76级(最后一班工农兵学员)的毕业设计,等不及打开行李就参与了指导工作。矿院毕竟处于采矿学术中心地位,我很快就加入了彭世济主编的大型工具书《露天采矿手册》(共七卷)的审稿工作,同时又参加了几座大型和特大型露天矿的设计评审工作,1984年为审查平朔安太堡露天矿的国外设计,我参团赴美任副团长兼主审,在美还见到了阔别多年的老同学姜汉信。1987年为编写《露天煤矿施工及验收规范(国标)》,再次赴美考察。1987年,我的首部专著《露天矿设计理论分析》出版。在恩师韩德馨院士的多次鼓励下,我与几位弟子(张瑞新、王宝庭、刘光)联手,花了近五年时间,汇集了两代露天人的智慧,2005年合著出版了四十万字的《露天采矿优化理论与实践》一书。书中对露天采矿的新理论作了归纳和总结,提出了露天煤田开发有序决策体系,用当量经济剥采比作为圈定露天境界的准则,以“不饱和规模”作为露天采矿的设计规模,等等,都是经验的结晶,也是实用性很强的理论和方法。

积累了二十年的煤矿设计和施工实践的经验,让我在改革开放的春天里如鱼得水,除著书立说外,在科研中也获得了丰硕成果。其中《我国露天煤矿现状调查及规划建设》获露天采矿研讨会一等奖,《特大煤田露天开发研究》获1990年国家教委理论成果二等奖,《露天开采设计规划综合优化的理论与实践》先后获 1991 年原能源部科技进步一等奖和 1992 年国家科技进步二等奖。1992 年起,我享受国务院特殊津贴。

我把自己的研究方向定位于矿山开发方案优化和区域经济发展战略研究。作为我国高校露天采矿专业创建人之一,我充分发挥了自己的理论与实践的优势,无保留地从事培育新人的工作,为国家培养了两千余名露天采矿专业的本科生和研究生。此外,我还为地方的发展出谋划策,曾连续担任徐州市政府咨询委员会第二、三、四届主任委员,在中共徐州市委的支持下,我组织部分矿大教师历时两年业余完成了《徐州市经济与社会发展》(1990～2010 年)。这份研究报告通过了江苏省科委的评审验收,获江苏省 1992 年哲学社会科学优秀成果二等奖。

## 首次访美(1984.11.16～12.16)

1984 年接煤炭部通知,要我参加平朔安太堡露天矿(美方)设计的中间审查,这是一个大团,共十人,沈阳设计院院长于文江任团长,我任副团长兼主审。接到通知后,我立刻对安太堡的资料做了准备。十月中旬,我接到通知赴煤炭部办理出国事宜。

第一件事是提取外汇,一个半小时就办妥了。下一步是订机票。这件事比较复杂,因为要节省外汇,就要在国内把访美全程的机票都订下来,这样就可以用人民币支付了。所以,先要把行程路径弄清楚。原来定的是从旧金山入境,飞奥马哈,赴怀俄明,折回菲尼克斯,飞威尔斯顿,再返旧金山出境。到了订票处,麻烦就来了,碰到了第一个问题就是预定日期(11 月 16 日前后)从北京飞美国的航班早被回国度假的学生预订一空。幸好我灵机一动,问他们有没有经东京或汉城飞美的航班。一查居然有经东京飞美的,我们就立即把这个航班订了下来。下一步我们要定旧金山到奥马哈的航班,答复是没有这条航线,我就问他们有没有经第三地中转的,原来旧金山要经丹佛中转,再飞奥马哈。整整忙了一个上午总算把全程的机票都搞定了。

到怀俄明主要是看美国的露天矿。给我印象最深的是高度机械化,一座中型(年产百万吨)露天煤矿,一共就 30 人左右,矿厂都是三班倒,就一个班而言,也就是 10～15 人左右。另一件事就是矿上除了简易的办公室外,没有其他设施,许多生活设施都在邻近的一个小镇上(谢尔斯顿)。我们在小镇上转了一圈,竟然没有看见一家超市。问过后才知道,小镇居民约 6 000 人,应该有超市,某家超市曾来小镇联系,镇上居民委员会回答,让这家超市再找一家对手来,两家竞争才能开业。原来,镇上考虑居民的利益,你一家独大,居民难以选择,两家竞争,受益的肯定是居民。这件小事给我的印象太深刻。

在菲尼克斯正式中审,会议室不大,但满墙挂的全是图,介绍设计大约花去 2 个小时,休息片刻即开始审查。我是主审,由于事先早有准备,一口气提了六个问题,很令美方吃惊。听完问题,美方主讲立即冲了一杯热咖啡送到我面前,恭敬有加。我提的六大问题逐一得到解决,中方也基本满意。

此次访美还有两个小插曲,一是在菲尼克斯接通姜汉信的电话,约好在威尔斯顿见面,因为中方的行程是不能改变的,只好选择离他最方便的地方,也就是威尔斯顿。说最方便,姜汉信也驱车近400公里。

再一个就是子刚正好在美国与美方合作设计安太堡选煤厂,也在我方中审之列。于是在异国他乡父子相逢,格外高兴。后来子刚回国后又参与了安太堡选煤厂筹建的全过程,为他的事业打下了坚实的基础。

此番访美,为时一个月,行程近万里,看到了先进的露天矿和选煤厂,接触了美国人,时虽短暂但印象深刻。仅从计算机应用来看,美国比我们先进了至少20年。另外,从设计指导思想分析,美方也不像我们有那么多条条框框,一切以效益为优先。当然,也要承认,我们看到的露天矿自然条件的确优越,煤层不厚(10米左右),但埋藏较浅(20～30米左右)。而我国的露天煤田则是用北方人包饺子的语言,叫作皮厚馅大,也就是煤层巨厚,有的达几十米近百米,但埋藏较深(达百米以上),开发起来当然比较费劲,初期投入也较多。

## 再度访美(1987.8.15～8.31)

这次是因为编制《露天煤矿施工及验收规范》赴美考察的。第一次参加"规范会议"是在西安,会议由部基建副司长方大成主持与会人员有部里的露天处长孟宪昌、富锦常,矿大的我,阜新矿院的刘淑让。会议期间,方司长找我谈话,希望由我任主编,显然是听了几次我的发言,印象深刻之故。可我心里十分平静,主编固然不错,但要组织若干次考察、讨论,我人在徐州,号令起来十分不便,就向方司长婉拒并表态,一定会全力以赴做好工作,方司长很通情达理,就决定由富锦常任主编。之后的实践证明,这样的安排是比较妥当的,对工作有利。这次访美考察,只批了六个人,有我,孟宪昌、霍林河的窦长禄、外文局的高雅琴(翻译)、富锦常、徐金汉。

先说路程,原美方建议,访圣米歇尔后,经达拉斯飞佛罗里达州的奥兰多(度周末),然后再访密尔沃基等。中方(主要是孟处长)以佛罗里达州无机场为由,改为从达拉斯飞圣路易斯(实际也是度周末),这一改,失去了访游迪士尼乐园的机会,因为美国最大的迪士尼区在奥兰多。

这次也是从旧金山入境,我再提醒大家一定要随身携带护照。护照就好比是护身符,认不得路了,找警察一递护照,他就知道你是中国人,会给你帮助。可惜总是有人忘性太大,结果走了好大一个圈才找到住宿的旅店。

高雅琴的职务是翻译,当然是跟团长,团长是孟宪昌,出国前,我就和团长说好,一路随团不成问题,但到了矿上,请给我一点自由,因为在矿上停留的时间一般都很短,不会超过三个小时,如果我随大伙,与美方交流都经过翻译,太浪费时间了,我希望在矿上直接与美方人员交谈,可以事半功倍,孟团长表示同意。所以,到了矿上,我就直接找美方的工长交谈,得到了很多信息。到了纽约问题就来了,美方无人接待,要我们自己找领事馆联系,从机场进城只有打车,全团 6 个人,要打 2 辆。翻译跟团长坐一辆,另一辆怎么办?高雅琴找到我,请我帮她带一辆。原来,除了高和我全是"哑巴"。我记得中国驻纽约总领馆在 12 大道 40 街,坐上车,一进市区我就在副驾驶位置上自言自语报街名,意思是告诉司机,我不是傻子,也不是瞎子,别宰我。到了总领馆,车费一共是 20 美元(其中 2 美元是私家道的过路费)。下了车一看,团长还没到,窦长禄、徐金汉和我就在总领馆门口等,大约等了有近十分钟,他们终于到了,一下车高就问我花了多少钱,我说 20 美元,她说她的车费是 32 美元,我心想肯定是司机有意绕道了。

第二天上午,我们在总领馆的安排下,得到参观联合国大厅的机会,这可真是千载难逢,我们参观了礼品室和安理会会议室,才知道多国代表团全是按英文字母排序的,而且每次都向后轮一次,比如今天首个字母为 C(中国就属 C),那么下一次会议首个字母就轮到 D 了,而 C 就排到最后去了。我们在 C 字组座位上拍下了合影。礼品室里都是各国赠送的珍品,比较而言,中国送的礼品最引人注目,万里长城丝绣和一座牙雕,都摆在十分醒目的位置。参观过后,又顺便上了世贸大厦,就是后来 2001 年 9 月 11 日被炸的那座大厦,大厦共 110 层,专门有 4 部高速电梯(每 10 层一停)供游客参观,在 107 层有一个回廊,可以俯观全纽约市区,我也拍下了两张相片,相当清楚。

第三天上午安排购物。纽约是自由港,东西相对比较便宜,有人就想趁机买几件带回去,我则没有购物计划。我们住的旅店离总领馆不远,而免税的华侨商店则相隔约 25 个街区,为了省钱,都是步行。我给大家整路,不到一个小时就到了华侨商店,大家都买到了心仪的商品。

## 重执教鞭,参政议政

1955 年研究生快毕业时,我萌发了对中国共产党的敬慕和向往,愿意为党的事业奋斗终生,就写了一份入党申请书。1958 年我被划为"右派",入党的事也就不谈了。1979 年返校后,我又写了一份入党申请书交给了支部。1983 年我的老师顾德麟①教授要介绍我加入中国民主同盟,我请示了党支部,答复是加入民盟不影响入党,而是向党走进了一步,于是 5 月我就加入了民盟。这一步对我的一生竟然产生了巨大影响,这是我始料不及的。其实当时我对民盟了解不多,只是顾教授在我心目中形象很高大,它不仅是资深的化学教授,而且

① 在北京矿院刘培田的化学老师,顾老是河南开封人,北大毕业,曾任开封高中校长,后入焦作工学院。

在学校迁移中起过不小的作用，再就是认为我了解的著名教授如数家珍，费孝通、钱伟长都是民盟的领导，我也乐于与他们为伍。

1984年我的入党问题提上了日程，令我没有想到的是，首先是采矿系召开了两次座谈会，议论我的入党事宜，这好像是史无前例的，而对我不仅开了座谈会，而且开了两次，这个过程我当然是不知道的，直到后来采矿系原党总支书记项振英来我家核实外面的一些传言是否属实，我才略知一二。第二次登门谈话，我对书记提出了“冷处理”的建议，我说流言很多，入党也会给党带来负面的影响，不如先放一放，即所谓“冷处理”。没有想到书记的回应竟是：“不，我今天来核实情况，就是要热处理。

从回母校重执教鞭开始，我还是一如既往地服从组织安排，尽力做好工作，刚回母校时我们被安排在三汇坝山顶上的实验室里，行李还没有完全打开，就赶上露75级的毕业设计，分配我指导一个组两个同学，大概同学们都打听到了我是从设计院调回来的，都十分高兴。由于住的楼和设计室很近，指导起来很方便，后来其他组的同学也来提问题，我当然是有问必答，毕业设计质量普遍提高了，后来毕业分配时我的这个组都分到了湖南化工学院，也都成长为化工矿山设计的骨干。

学校迁到徐州后，我的第一个任务就是为露77级同学讲授“露天矿运输”。这时碰上了新情况，这是恢复高考后的第一班，可以说是停止高考这么多年积淀下来的精英，有好几位同学不来上课，原因五花八门，有的是不想学露采这个专业，有的认为课程内容简单根本用不着听课，也有的另有所好。我采取了比较宽容的方针，整个运输课一共有5份作业，只要完成了这5份作业，就能参加考试，来不来听课悉听尊便。据说同学们对此还是接受的。事实证明，这些同学的成绩都不错，师生关系也融洽了。

接下来是指导露78级的毕业设计，我和周昌寿共同指导义马组。到了义马我们采取了半放羊式，所谓半放羊就是刚去义马时，为同学们的毕业实习与矿方联系妥当，特别是借阅资料的关系，请矿方给予方便，然后我和周老师就离开义马去广东茂名油田页岩露天矿去收集我们所需要的信息资料，半个月后又回到义马检查资料收集是否完整。之所以这么做，目的是锻炼同学们自己动手的能力。事实证明，我们半放羊没有出什么问题，同学们都得到了锻炼，尤其是在与矿方的人际交往方面收获不小，有的甚至超额完成了任务。有了这样的经验，我们以后就可以逐步实现全放羊式了。学生的成长也鼓舞了我，还专门为院刊写了一篇《他们能够挑起振兴煤炭事业的重担》的文章，以资鼓励。

如何进一步改进教学，提高教学质量，我也想了一些办法，“第二课堂”就是其中的一种。我把学有余力的同学以自愿为原则组织起来，利用课外时间指导同学查阅文献资料和图书，定期进行汇报交流。这部分同学通过第二课堂学会了收集资料、汇集整理、分析研究的本领，学习热情大增。一开始只在小组里沟通交流，后来发展到了全班，又进一步在全采矿系交流学习心得，影响得以扩大，很受同学的欢迎，也引起了系里的重视。院刊还专门介绍了第二课堂的理念。

我回忆起这些教学工作,不是要填什么成绩单,而是说明我重执教鞭是认真负责的态度。接下来就是要外调了,即外出调查家庭情况,重点当然是调查我的父亲。事后我才知道,派出外调人员有两个:一是总支副书记陈益生,一是露采专业留校干部尹新平。他们还真不简单,居然在上海一个街道办事处的档案里找到了我父亲的一些情况。外调回来后陈益生找我谈话,他说:“我估计你对你父亲的情况也不一定很清楚。”我说是的。我在家里是最小的,下面只有一个妹妹,所以我只知道父亲是国民党的干部,与邵力子、叶楚伧、张群有交往,别的就不清楚了。陈益生说,你父亲是孙中山同盟会的干事,当时是国共合作时期,应该不会对你的入党问题产生什么影响。就这样,审查我父亲这一关一过,由党支部张幼蒂、张达贤作为入党介绍人于 1985 年 11 月通过了我的入党申请。总支书记深情地对我说“你是开拓型的干部”,算是对我的鼓励吧。校党委组织部也找我谈话,认为我入党只会为党增光添彩,不会给党组织抹黑。一年后我如期转正,成为正式的中共党员。

1987 年徐州市民盟换届,市里要推举我担任民盟徐州市委主任委员,我去找老同学彭世济求救,一见面我就说:“你离开露采专业来做校长了,专业那边由我顶着,为什么非要把我弄到市里去呢? 何况我又是党员。”彭校长的回答完全出乎我的意料,他说:“提名是市里提的,不是我提的,而且我也告诉市里你已经是共产党员了。不成想市里说,就是要一名党员。”我只能服从组织安排了。

中国的民主党派是参政党,而且是中国共产党领导下的参政党。民主党派参政议政,服从共产党的领导,这在校内发展盟员方面就可以看出来,我主张顺其自然,尊重自愿。所以在组织决定我去参加民盟徐州市委后,我就把它看作是党安排我耕耘的一亩三分地,一定种好管好。

1987 年 10 月,民盟徐州市委员会提前进行换届选举,我当选为主任委员。民盟市委共 29 名委员,年龄结构和知识结构都发生了很大变化,总的来说,参政议政的意识和能力都比较高。学校从四川迁来徐州也有五年多了,我就在想,怎样才能种好管好这“一亩三分地”呢? 徐州自然条件不错,可就是发展缓慢,民盟有智力优势,中国矿业大学又拥有一批高级人才,为什么不能发挥一下呢? 12 月召开的民盟市委第一次全体会议上,我把这个想法提了出来,让大家充分发表意见。会议在一间专门的会议室里举行。我只是建议由民盟市委正式向中共徐州市委提出建造“模型”的建议。会上讨论非常热烈,部分委员同意但担心搞不好;也有部分委员仍然强调民盟在教育方面尤其是高等教育方面的优势,所以提教育建议是轻车熟路;少部分委员认为涉及许多经济问题,盟里缺乏这方面的专家,不容易成功。这些想法都有各自的依据,都有一定的道理。会议开了近两个小时,最后我发言,我说要搞教育改革方面的建议确实是民盟的长项,可是光谈教育市委会重视吗? 很有可能是完成一份建议,最后束之高阁。如果我们研究全市的经济(当然包括教育)就完全不同了,我们可以凭借民盟的智力优势，边学边干嘛！我的发言打动了委员们，最后通过了向中共徐州市委建议由民盟徐州市委牵头为徐州建造《徐州市经济和社会发展模型》(1990～2010年)的建议，呈报中共徐州市委。

不久，中共徐州市委一位副书记批复了民盟市委的报告："民盟的建议是积极的，搞得好，有利于市委、市政府对全市的经济和社会进行科学决策和客观指导。"该文发至全市各级部门，并同意拨款2万元作为建模的专项经费，建模工程由此拉开了序幕。

1988年3月，市委组建了以中国矿业大学盟员教授和副教授为主的"模型组"，特别邀请了民盟中央副主席、规划专家钱伟长教授和冯云淡教授为高级顾问，又在市内聘请了10位特约研究员。4月又派人专门赴山东滕州向正在编制滕州市发展战略规划的同志们学习他们的经验，获益良多，随即着手建模的"总体设计"。5月开始市区及各县的调查，同时经市科委向省科委上报立项。9月，省科委正式批复，徐州市的建模工程列为指令性项目。10月，在民盟六大期间，就外出调查的初步结果和我们草拟的模型结构向钱伟长教授和冯云淡教授做了汇报，得到了他们的重要指导，使建模指导思想从一开始就建立在可靠的基础之上。

我们的建模工程开展受到了民盟省委的关注，以陈敏之老主委为首的民盟省委拟提名我为六届中委，但由于是差额选举，能不能选上不一定，所以对外不公开。陈敏之出了个主意，由他率领参加民盟六大的代表提前一天到徐州，看看矿大的情况。由于是差额选举，所以我提名的事没有告诉矿大党委。后来选上了。

1989年初，在完成三分之二调查工作的基础上，着手建造模型。模型组牢记钱伟长教授在山东滕州的嘱托，要高起点、高要求，集中全盟智慧，发挥好参政党职能，把"建模"做成精品，做成民盟参政议政的品牌。模型组的18位盟员利用业余时间，运用系统论、控制论、系统动力学、线性回归分析和模糊评判等多种系统工程手段，完成了一个有764万人口、11 000平方千米、24个行业、时间跨度21年、调查数据达60万个的庞大的系统工程，付出了十分艰辛的劳动。在建模过程中，模型组先后向市委、市政府做了5次汇报，中共徐州市委和市政府自始至终给予了有力的支持和热忱的关怀，也及时提出了中肯的建议和指导。所以，这项建模的成果是在党的各级领导和广大盟员的鼓励下取得的，一句话，是党盟合作高层次参政议政的典型范例，使民盟发挥参政党职能的领域进一步拓宽。

在完成了《徐州市经济和社会发展模型》初稿，约48万字，报民盟中央区域发展委员会和民盟江苏省委审查，9月初正式向民盟中央做了汇报，经民盟、中央同意后向江苏省科委上报并申请鉴定。

11月8日～9日，江苏省科委在徐州召开了评审会，评审会由省科委邀请的13位专家组成，由中国科学院学部委员(院士)周立三研究员担任组成。"评审意见"指出该项目的研究是成功的；在我省大中城市的经济和社会发展模型的研究中属于首例；模型目标选择比较合理,即发展教育,依靠科技,控制人口,加强农业基础,注重产业结构调整,保持生态环境,提高经济效益,促进徐州市经济、社会调整、持续、稳定地发展;研究成果具有可操作性,对于政府部门制定中长期发展规划具有重要参与价值;研究成果具有国内先进水平;项目研究从全局与战略高度出发,为徐州市的发展献计献策,这充分体现了民盟的同志们具有高度的爱国热情和参政议政的积极性。该项研究的成功是坚持与完善共产党领导的多党合作的生动事例。

在评审会议期间,民盟中央委托民盟江苏省委召开了"民盟区域规划与咨询工作经验交流会",民盟中央主席费孝通,副主席高天、冯之竣以及盟中央部分领导同志,省外13个省市盟的领导同志,江苏省副省长杨永沂在长沙参加了会议,对建模工作给予了充分的肯定。

【总体设计】拟定的建模步骤大体上分为六个阶段,即总体设计、调查分析、战略研究、建造模型、综合评价和报告鉴定。这六个阶段在一定条件下可以适当交叉,因为截然分开不利于工作的开展。

【目的】建造模型的目的是在全国一盘棋的前提下,推动徐州市地方经济持续、协调发展,逐步实现各种资源的最佳配置。

【系统的边界】广度上共选了24个行业作为重点,其中农业3个,工业15个,服务业6个。按1987年资料计算,这24个行业的产值占全市的76%,从业人员占89%,这两个比例说明,模型有足够的覆盖面,可以对全市的经济和社会起到宏观调整的作用。深度上以行业和区县为单位,过细的深度对宏观调整反而不利。实践证明,我们待定的系统边界是恰当的、合理的。

【方法论】建模过程中,系统论、控制论、系统动力学、线性回归模糊评判等都用了。由于1983年以前,徐州尚未实行市管县的建制,老的资料不仅不完整且可信度很低,因而多数行业可用的只有1983～1987年共5年的数据,即使资料可靠,以5年的数据来预测未来21年的发展趋势,也极易产生偏差。所以,我们主要采用系统动力学对未来做滚动式预测,以发送预测精度;而对资料比较齐全的行业,则采用了线性回归。

在综合总体方案时,运用了系统论的控制论,而对各方案综合评价时,则采用了模糊评判技术。

从研究的结果看,针对不同的条件采用的数学方法基本上是合理的,可靠的。

【症结分析】总体设计中,对徐州市发展迟缓的症结做了宏观分析,以便在下一步调查和建模工程中对症下药,寻求对策,分析认为徐州市影响发展的主要症结有四个。

(1)优势不优。过去盲目地认为,徐州是江苏省的煤炭基地、能源基地、粮棉基地,交通发达,优势不少,深入分析发现,这些所谓的优势并非真正的优势,即优势不优,甚至严重约束了徐州市的发展。例如,徐州年产煤1 800万吨,可只给徐州留90万吨(5%),其余全部支援苏南或统一外调。1988 年徐州用煤 380 万吨，地方矿产煤 100 万吨，缺口 190 万吨(50%)全部从外省议价购入。徐州年发电 90 亿度，留给徐州 36 亿度(38%)，1987 年徐州用电 45.5 亿度，缺口 9.5 亿度，不少企业因缺电而停产。徐州每年上调粮食 20 亿斤，棉花 7 万吨，对国家做出了很大贡献，而作为粮棉基地的徐州收益极少。徐州市铁路、公路、水运确实四通八达，但真正在徐州装卸的货物却少得可怜。分析认为，这些都不能算是真正的优势，即所谓“守着煤田缺煤，靠着电厂缺电，粮棉基地缺棉”。

(2) 基础设施差。人们常说，徐州“交通发达，信息闭塞”，能源、交通、通信设施太差，这是煤炭城市共有的特点。

(3) 主攻方向不明。多年来，应优先发展什么行业，始终举棋不定。从投资方向上可以看出，基本上是轮流坐庄。近 40 年来除少数几种产品占有市场外，拳头产品很少。

(4) 环境条件差。徐州居淮海经济区的中心，这个区域大多是“穷哥们儿”，而徐州自身又缺乏向外辐射的能力；另外，徐州距上海、天津等大城市较远，接受辐射的条件远不如苏南。

以上四个方面，制约着徐州的发展。但是，客观地看，徐州也确有 ·些优势，如自然条件相当优越，工业已有一定基础且行业比较齐全，商贸比较发达，劳动资源充足，等等。应该可以通过战略规划把徐州建设得又好又快。

【战略目标】根据宏观分析调查结果和对历史经验的归纳，提出徐州市未来 21 年经济和社会发展的战略目标是：大力加强农业，以蚕桑和水产为重点；以农村工副业为突破口，依靠技术进步，巩固行业基础地位；按照国家的产业政策，以纺织建材为主导，适当调整产业结构，走内涵增长为主、外延增长为辅的工业化道路；加快发展服务业，以信息咨询为重点，致力于提高劳动生产率，保持经济持续稳定的进步；严格控制人口，大力发展教育事业，提高职工和全民的文化素质；加强科技引进和吸收；注重环境保护和生态平衡，把徐州市建成各行业协调发展、地方财力不断增强、生活水平逐步富裕、社会安定和谐、有良好道德风尚和平衡的生态环境、能适应淮海经济区中心地位的城市。

【评价指标】选择了“三生”指标体系，即生产、生活、生态。生产指标反映经济效益，生活指标反映社会效益，生态指标反映环境效益。按分层次综合加权计算求出“经济社会发展综合指数”，以指数高者为优。实践证明，这种指标体系能比较全面地反映发展方案在各方面的效应，避免了只顾产值忽视其他的弊端。

【驱动方法】战略规划模型以往多以“投资”作为驱动因子，即给出一个投资额度，求出一系列指标，如果治标不理想就反过来调整投资，如果反复，直至满意为止。这种驱动方法的前提是有一个“可能的”投资额度。可是在建模时我们很难获得这个投资额度，因为时间跨度大(21 年)，而且又处于改革日益深化的形势下，体制很可能发生变化，而体制一旦发生变化，必然引起投资的变化。另一方面，按假设的投资计算出的指标不一定符合各行业的情况,各行业的投资分配比例就是一大难题。若沿用现行的比例,又起不到调整产业结构的作用,反而强化了现行产业结构的刚性。经过反复考虑、讨论,我们选用了“速度”作为驱动因子,即根据各行业的地位和经营状况,预定各行业的发展速度,综合计算出投资额度,再根据预测判断这一投资额度是否可行,如不可行再返回去调整速度,如果反复,直至满意为止。

实践证明,在制定中长期发展战略规划时,选用“速度”驱动模型是可行的、适用的。

【大环境的分析与判断】结合当前治理整顿和深化改革的形势,我们预计将来的一段时期,信贷必然紧缩,资金必然日趋紧张,任何立足于高投入、依靠外延增长的设想,都将因缺乏资金而难以实现。所以,我们明确了以内涵增长为主,压缩投资需求,向科技和管理要效益的总方针。

【人口模型】人口是整个模型的基础。徐州市究竟有多少人口?众说纷纭,出入颇大。我们花费了相当的精力以“人口控制论”的理论为指导,运用系统动力学建造了徐州市人口模型。

(1) 论证 1982 年 7 月 1 日人口普查的可信度。抽查资料证实,这一次人口普查的差错率为 0.15%,而徐州市的人口参数有很接近全国的平均水平,也具有较高的可信度。

(2) 以 1982 年人口普查参数为依据,以 1987 年 1%人口抽样调查参数作参考,通过人口控制论求出 1987 年的人口数,加上机械增长人口,模型计算 1987 年徐州市的人口数为 762.98 万人,即统计人口比计算人口少了 4.98%。

(3) 以经过论证证实可靠的 1987 年的人口数为起点,按四种不同方案预测 1990～2050 年的徐州市人口:

① 方案Ⅰ:按目前的人口控制状况预测,1987 年妇女总和生育率 $\beta=3.3$,规划期末(2010 年)徐州市人口为 1 160 万人,21 世纪中叶将出现人口爆炸,2050 年将达 2 200 万人。

② 方案Ⅱ:假定 $\beta$ 值有明显下降,1988～1990 年 $\beta=3.3$,1991～2000 年 $\beta=3.0$,2001～2010 年 $\beta=2.5$,2011～2050 年 $\beta=2.0$,则 2010 年徐州市人口为 1 030 万人,但要强化计划生育工作。

③ 方案Ⅲ,假定 $\beta$ 值有明显下降,1988～1990 年 $\beta=3.0$,1991～2000 年 $\beta=2.6$,2001～2010 年 $\beta=2.2$,2011～2050 年 $\beta=1.8$.则 2010 年徐州市人口为 1 030 万人,但计划生育工作要付出艰巨的努力。

(4) 方案Ⅳ:假定 $\beta$ 值急剧下降,1988～1989 年 $\beta=3.0$,1990～2050 年 $\beta=1.5$,则 2010 年徐州市人口为 895 万人,但这一目标很难实现,即使能实现,人口也将严重老龄化。

经过分析,我们推荐按方案Ⅲ实施人口控制,但考虑到计划生育工作的难度及可能碰上的天灾,我们决定模型中的一切计算均按方案Ⅱ的人口模型为基础,以便留有充分的余地,2010 年方案Ⅱ的人口比方案Ⅲ多 50 万人。

根据人口模型，我们预测徐州市人口的双峰型年龄分布，1994年和2020年将两次出现生育高峰。此外，我们还发现了控制人口的关键不在"重男轻女"，而在控制"多胎率"。

【分期与速度】编制战略规划最常见的失误就是提出一个不易达到的高速度。回顾新中国成立四十年来，我国经济基本上沿着"高速→失调→调整→发展→高速"循环，周而复始，一个大循环大体6～7年，从"一五"开始，1953～1959年，1960～1963年，1964～1975年，1976～1978年，1979～1986年，1987～1989年，走的就是这么一条路子。当然，徐州的发展离不开大环境，但我们总想让徐州尽量避免重蹈覆辙，所以模型对总体速度提出了三种格局：① 高速型，GDP年增长12%（1987年徐州为15%）；② 中速型：GDP年增长9%；③ 协调型：GDP年增长7%。推荐方案以协调型为主。

同时，我们对规划期的21年做了粗略的分期，目的是明确各个时期的重点，以便更好地控制发展速度。

(1) 调整期：1990～1995年共六年，主要任务是大力加强农业，重点调整产业结构，把教育和服务业放在重要地位。由于存量资本刚性很强，调整产业结构的任务将是长期的。在调整期内应扭转结构起重的趋势，科技的引进应以中级适应为主。调整期的发展速度要从过热状态真正降下来，还要充分考虑银根紧缩对徐州市的影响。

(2) 起步期：1996～2000年共五年，主要任务是继续加强农业，依靠科技和教育，进一步调整产业结构，强调内涵增长，向科技和管理要效益。服务业向信息、咨询等高层次服务方向发展。由于地方财力有所增强，发展速度略高于调整期，但受投资滞后效应的影响，实际速度大体与调整期相当或略低，但将为2000年以后的发展奠定坚实的基础。

(3) 发展期：2001～2010年共十年，主要任务是在产业结构基本协调的基础上，以经济效益为中心，进一步加以完善，通过培训和咨询服务将企业的管理提高到一个新的水平，实现专业化，用新科技装备农业，实现规模经营，发展各级市场，加速资金和物资的流通。这一时期的发展速度将明显高于前两期，使徐州逐步建成名副其实的淮海经济区中心城市。

【农业】1970～1981年，徐州农业生产取得了稳定的发展，尤其是1978年以来的四年中共增产粮食13.5亿千克，年递增12.5%，棉花1984年超过9.3万吨，油料1985～1987年保持在10.5万吨左右。但1984年以来，农业生产出现徘徊现象，存在的主要问题是，联产承包制推动了农业生产，单进一步的政策没有跟上去；农业投入过少，1983～1988年平均投入只占总投资的1.68%；人口自然增长率23.16%，而耕地以3‰的速度递减，人均耕地从1.548亩急剧下降；复种指数已达1.667，人地矛盾突出；产业结构不合理，种植业比重偏离，1988年占农业总产值的62.6%，而工副业只占14.9%。

除了增加农业的资金和投入外，为了保证上调的任务，必须稳定粮棉油菜的种植面积，在单产和复种指数上下功夫，以保持人均占有量不至下降。此外，农村工副业（含乡镇企业）应作为突破口，工副业应以农业的产前、产中、产后服务以及市区工业助手作为主要方向,并逐步实现专业化,为了充分利用自然资源,我们提出重振“丝绸之乡”的雄风,同时要求重点发展水产,适当扩大薪炭林以替代秸秆还田。

根据以上方针,农业规划了两种方案:

(1) 中速型:年递增粮食 2%,经济作物 3%,工副业 6.5%,农业总产值 5.19%,大农业 2.55%。

(2) 协调型:年递增粮食 1.5%,经济作物 2.5%,工副业 5.5%,农业总产值 4.32%,大农业 2.27%。

模型推荐协调型方案。

【工业(含建筑业)】从 1985 年起,徐州市工业产值超过了农业产值,成为经济的主体。而且地方工业在总产值、净利润和从业人员方面均占 70%以上,固定资产原值和净产值也占 50%以上,成为工业中的主体,工业门类也比较齐全。我们认为,这才是徐州经济真正优势所在,但存在着严重的结构性问题。

(1) 净产值:重工业 38%,轻工业 47%,建筑业 14%,而固定资产原值的比重却是 70%、26%、4%。

(2) 劳动生产率:重工业 3 491 元/(人·年),轻工业 7 463 元/(人·年),轻工业为重工业的 2.13 倍。

(3) 资金产出率:重工业 0.6 元/元,轻工业 1.87 元/元,轻工业为重工业的 3 倍。

(4) 资源配置:划归地方开采的煤储量仅 5 900 万吨,建材资源丰富,但产值仅占 1.39%。

(5) 能源消耗:重工业 90 吨/万元,轻工业仅 5 吨/万元(皮革)。

(6) 环境污染:重工业除机械行业外,污水排放量约在 156 吨/万元～1 293 吨/万元之间,轻工业最高才 136 吨/万元(皮革)。

(7) 产业政策:符合国家产业政策的上游产业不多,工艺落后,效益差,缺乏自我改造能力。

从以上几个方面的分析,把工业中的 15 个行业分成三类:即主导产业、支柱产业和一般产业,三者在驱动速度上有差异。按主导产业的要求(排除陈旧性、修补性和弱相关性)用八项指标和模糊评判法选出了纺织建材、机械电子和纺织机械三种主导产业模式。

运用 MICRO DYNAMO 编程对调查数据分模式、分时期进行了优化。优化的目标是地方财政收入最大和资金产出率最高。优化中的约束条件为资金需求、能源消耗和环境污染。

推荐纺建协调型、纺机协调型和纺建中速型三种,供综合方案选用。

【服务业】徐州市 1988 年一、二、三产业的比重为 35∶43∶22,与全国 1981 年相当(36∶42∶22)。从国际上看,低收入国家的比重为 44∶16∶40;中等收入以上的国家比重为11∶41∶48。可见，全国和徐州市的服务业比重太低，而服务业比重的大小，又是经济发达程度的标志。

徐州地处商贾云集、市场繁华之区域，具有发展服务业的基础。发展服务业有如下好处：可以大量提供就业岗位，促进物资流通，提高流动资金利用率；有利于利用信息改革生产工艺，减少资金需求，较易适应市场经济的发展。服务业发展的重点应放在运输、仓储、邮电、金融、信息、咨询等方面。总之，应面向工农业生产。发展服务业的方针应以民办为主，政府在政策、信贷、用地等方面给予鼓励。这样既可以节约投资，又有利于满足工农业各方面的需求。

模型推荐以10%～14%的速度驱动服务业的方案。

【科技教育】徐州科技人员数低于发达地区，科技经费更低，仅占总产值的0.05%。教育经费占国民生产总值的1.54%。模型根据人口预测计算了规划期内逐年的学生人数、教师数量。对于教育经费，首先保证占历年财政支出的20%，再从投资上加以补充，使教育总经费不低于国民生产总值的4%。

发展教育事业是发展经济的根本，建议改单纯的升学教育为国民基础教育，以培养合格公民和提高全民的文化素质为教育目标。

【能源】如前所述，守着煤田缺煤，靠着电厂缺电，能源已成为制约徐州经济发展的因素。模型对规划期内各年的综合能耗、煤耗、电耗作了预测，并提出解决方案与出路：开源与节流。

开源有三条：

(1) 以煤换电(向大电厂多供煤，争取超计划发电)；把已上马的中小电厂抓好，尽快投入运行，以解燃眉之急；及早与邻区洽谈协作办电(利用邻区的煤炭资源，徐州提供部分资金)。洽谈的顺序是：大屯、滕州、淮北、永城。这是解决徐州地方用电的长久之计。

(2) 通过产业结构调整，宏观降低能耗。

(3) 改革高能耗的落后工艺，微观降低能耗。

【资金筹措】建模之初，由于对大环境做了分析，模型中的投资额度是按“逐年下降，缓慢回升”的原则控制的。徐州市1983～1988年平均年投资总额为9.17亿元，而推荐方案的总投资额：1990年为9.5亿，1991年为7.7亿，1992年为7亿，1993年为7亿，1994年为7.4亿，1995年为8.2亿，1996年为8.9亿，1997年为9.7亿……这充分反映出模型的指导思想是基于内涵增长的。

模型在资金安排上有两个特点：一是考虑了投资的延迟效应，即按不同行业定出在建设期内的分配比例，然后再按各年度叠加。这就基本上反映了建设工期时投资发挥效益的影响。二是根据徐州市的统计资料，所有投资都考虑了25%的流动资金，以确保建成项目及时投入正常生产。

在投资方向上,由于驱动速度的控制,必然朝着有利于产业结构调整的方向转变。以1990～1995年为例,一产业(含乡镇企业)投资比重为16.5%～18.8%(1983～1988年平均仅为1.68%,但未计乡镇企业),二产业为43.5%～62.4%(1983～1988年平均为78%),三产业为21.1%～39.5%(1983～1988年平均为20.46%)。

资金筹措考虑了四个渠道:① 固定资产折旧,按7%计算;② 企业自筹资金,按净利润的22.95%计,这是筹资的主体;③ 财政上的小型基建,按财政支出的7.6%计算;④ 储蓄:按银行存贷余额差的10%计算。

预测结果,1990～1995年调整期的六年中,共出现资金缺口4.7亿元,平均每年0.95亿元,说明地方财力已显著增强。

总的来看,资金缺口不大,可以通过金融渠道融通解决。模型还对投资做了+25%、−25%、−50%的敏感性分析,提出了“保”和“压”的建议,进一步提高了模型的可操作性。

【综合方案及评价】就一产业的两个方案、二产业的九个方案和三产业的一个方案组成了十八个综合方案,每个方案均分三个时期。

按“三生”指标体系的原则,选出了十六个既能反映“三生”效益又便于计算的评价指标。生产指标九个:国民生产总值、投资、综合能耗、农业劳动生产率、第三产业从业人员、万人拥有科技人员数等。

生活指标四个:恩格尔系数、在校学生数、人均粮食占有量、职工平均工资。

生态指标三个:人口净增率,耕地递减率、污水排放率。

按分层次加权综合计算出各综合方案不同时期的“经济社会发展综合指数”。结果表明,高速型方案的指数普遍较低,而且愈到后来愈低;协调型方案的指数普遍较高,而且愈到后来愈高。这说明,生活和生态指标起了作用。

推荐方案(2−3−1方案,即一产业的2方案,二产业的3方案和三产业的1方案组合而成的综合方案)简称纺建协调型方案,其主要指标如下:

经济社会发展综合指数:调整期1.81;起步期2.66;发展期5.34。

GDP递增:调整期7.95%;起步期7.92%,发展期10.51%。

一产业年递增:调整期4.84%;起步期:4.63%;发展期5.06%。

二产业年递增:调整期8.80%;起步期8.38%;发展期10.02%。

三产业年递增:调整期10.0%;起步期10.0%;发展期14.06%。

一二三产业比重:1987年38∶41∶21;1995年26∶48∶26;2000年22∶49∶29;2010年13∶47∶40。

人均国民收入(人民币):1987年860元/人;1995年1272元/人;2000年1 740元/人;2010年3 646元/人。

人均国民收入(美元)1987年222美元;1995年329美元;2000年450美元;2010年

942美元。

综合评价表明，建造模型的方法是科学的，优化的成果是可信的，推荐的方案是稳妥而又积极可行的，具有较好的可操作性。

模型中还提出了十条政策性建议。我们相信，模型的实施必将把徐州建设成工农业协调发展，服务质量优良，人民生活富裕，环境优美，社会安定和谐，名副其实的淮海经济区的中心城市。

【建模体会】

(1) 急党和人民所急，就会得到支撑。建造模型和区域规划必须有政府的支持，否则，无法取得必要的数据和资料，报告提出后也难以付诸实施。

(2) 区域规划属于高层次的参政议政，必须强调全国一盘棋的原则，严格遵守国家的政策和方针等，不然，就会与总体利益相悖，或流于形式无法实施。

(3) 背景要分析透，对于所规划区域的优势和制约因素不能人云亦云，对于大环境要有一个切合实际的估计。模型评审会期间，正值党的五中全会公报发表，提出要持续、稳定、协调的发展方针，证实了我们的估计。

(4) 要有一定的理论指导和现代化手段，但又必须实行定性与定量相结合，必要时还要通过人为调节。模型涉及数据近60万个，如果只用定量分析而缺乏定性指导，不但会陷入困境，而且极易脱离实际。

(5) 分析要讲科学，结论要有根据，搞区域规划应当充分听取各方面的意见，但绝不能唯上，有些正确的意见应该坚持，才能保证决策的科学性。

(6) 一定要十分注意模型的可操作性，我们在产业结构调整中都提出了相应的产品方向和投资分配安排，还做了必要的敏感性分析，为以后的实施和“八五”规划的编制提供了科学依据。

《徐州市经济和社会发展模型》(1990～2010年)已经通过了省级鉴定，获得了很高的评价，这是对我们的一种鼓励。模型中还有一些不足之处，如服务业的发展速度是否过高，主导产业选择是否得当等，有待进一步研究。此外，形势在发展，情况在变化，模型在实施过程中尚需不断地做出调整。

【附记】一年后，模型荣获江苏省1991年哲学社会科学优秀成果二等奖。二等奖共四个，徐州市独得了一个半，模型算一个，另半个是与外市共享，得半个。

【号外】

建模获得的成功中，民盟徐州市委机关功不可没。尤其是驻会副主委陈德溥和徐德修、秘书长郑建国和部长许惠娟。他们忙里忙外，除了提供会议场所和特约研究员的接待外，还直接参与了许多调查收集资料工作，连司机史鹏也忙得不亦乐乎。这是一个和谐、战斗的集体，大家都忙得开心，相互之间都很默契。我身为主委，到了机关，完全听从陈、徐二位副主委的安排,从不自以为是。

在任主委的五年间,我从未花市委机关一分钱。而我任六、七两届中委期间,每年一次的中央全会属于典型的盟务活动,我也从未到盟市委机关去报销过一次,都是从我的科研经费中开支。每年春节大年初一至初三放假,初四上班,我总是去市委看望离退休干部,给他们拜晚年,聊家常。讲起我当“农民”的经历,他们都很吃惊,教授也会种田!

模型通过省级鉴定后,邻省都希望我去介绍建模的经验。我却从来没有参与过这种活动,都是由陈、徐二位副主委代劳,节省了我不少时间。鉴定会期间,徐州市区有点“民盟热”,市民到处都在议论着民盟,全市 400 多盟员也觉得很风光。一位徐州医学院的副主委对我说:“你的建模是空前的,也是绝后的,不可能再有人超过你了。”这也算是一种评价,不过我始终认定,我只不过是把党交给我的一亩三分地种好而已,没有什么值得骄傲的!

## 旅　欧　记

早在 1995 年,我就对退休作了思想准备,当时,心底暗暗许了两个愿:一是完成我的老师韩德馨院士的嘱托,把二十多年的实际工作经验总结一下写一本书(另详述),二是一定要千方百计把我最心爱的妻子——陆美玲带出国门。理由很简单,美玲从华东军政大学转入上海外语学院,毕业后分配在燃料工业部煤炭总局专家工作室担任翻译,一直跟苏联专家做翻译,长达 15 年,却始终没有出过国门,后来因受我划为“右派”的影响,就更没有机会出国了。这太不公平!我想总会有办法的。想得简单,那时远没有改革开放,实现这一愿望的确有困难。

20 世纪 80 年代开始了改革开放,但出国控制仍很严,必须要有国外的邀请,才能申办出国护照。为此,我早就通过陈国飞请他的导师米切尔教授发函邀请我到法国巴黎高等矿业学校讲学;另外,张瑞新将赴英参加 APCOM 会议,也从大会上获得邀我与会的信函。这样,“国外邀请”这一条算是解决了。

根据 APCOM 邀请与会的时间,我和美玲的访欧旅程就初步定在四月底出发,第一站是巴黎,由陈国飞接待。首先是在徐州申办个人出国护照,拿着 APCOM 大会的邀请函和法国高等矿业学校的讲学邀请,只用了不到半个月就办成了。接下来就是办理签证,3 月 26 日赶往北京,27 日先到英国大使馆,因过了办公时间,只得下周再来,3 月 30 日一大早赶到使馆,领表、填表,只花了一个小时,交表后得到的答案是“必须面谈”,实质是要你的“财产证明”,只得急电美玲带上银行存款单乘夜车来北京。我于 4 月 1 日凌晨两点半赶到永定门车站(现改为北京南站)接她到招待所略做休息,就一同赶赴英国大使馆,连排队等候和面谈,到 11:30 才办妥。

这里有一段小插曲,就是使馆门前贴出的“申根协定”我没有看懂,到书店查找也未查到，后找人请教方知西欧八国在小城“申根”签订了一个协议，八国中只要有一国办理好签证，其他七国均免签通行，这倒给我们提供了不少便利，在北京就不要再一个个国家大使馆去办签证了，当时英国没有参加“申根协定”，所以，在英使馆办签证还是有效的，只是还要再申报协定的八国中选一个国家就可以了，于是我们选了法国。

好事多磨，一到法国大使馆，就听到工作人员说，中国矿业大学在江苏省，按这里的分区原则，你们应该到上海法国总领馆去办理签证手续，我一下子蒙了，要到上海，真是太折腾人了，猛然想起矿大有个北京研究生部，只要开一个证明，证明我们是研究生部的，不就可以在北京办签证了吗？于是，急忙返回北京研究生部，吴汉章、邓传怀带我们办了证明，4月3日到法国大使馆补交了“申根费”，4日领到了签证，当晚即返徐州。4月5日～26日，访欧前的这二十天，准备CGES英文讲稿。26日订机票，原拟定法航，既便宜(约省500美元)服务又好，可惜定往返只限一个月，而我想尽量时间长一点，毕竟出去一趟不易，而国航可延至一个半月，于是决定改乘国航。

整个行程从1998年4月29日至6月14日返京，共46天，以法国为中心，先后游览了8个国家，法国、比利时、荷兰、德国、卢森堡、意大利、摩纳哥和英国。游览的城市有：法国的巴黎、里昂、马赛、威尼斯和戛纳；比利时的布鲁塞尔；荷兰的阿姆斯特丹、海牙、鹿特丹、ZEIST和ZANDWOOD；德国的科隆、波恩和特里尔；卢森堡；意大利的米兰、佛罗伦萨、比萨、马萨；摩纳哥；英国的伦敦。

在一个半月的时间里游览这么多地方，也只能是“跑马观花”了，但是，一是实现了带美玲走出国门的许诺，二是周游了人文风光各异的西欧，最后又在陈国飞和东盈的安排下与瑞新一家相聚了几天，应该说是“功德圆满”了，我于1984和1987年两度访美，与西欧相比，感触颇多。

缩微感。游览8个国家，最大的法国也只有55万平方千米，有的国家像卢森堡和摩纳哥实际上就只是一个城市，虽说是跨国，从地理上看多少有点像国内的跨省旅游。布鲁塞尔有欧洲之都之称，建了一个“小人国”，就是一个西欧的缩微景观，可比起深圳的锦绣中华就小了许多。

控制与协调。西欧诸国都属发达国家，其人口控制与自然协调，少用人，高工资。以法国为例，全国土地以丘陵草场为主，占三分之一。另三分之一为葡萄园，只有三分之一种粮食。城镇以人为本，高度自动化，电梯、检票荧屏都自动化。平均工资1.2万法郎(1.7万人民币)，飞机师12万法郎，最低工资6 000法郎。

传承与创新。到处都可以看到保存完好的悠久文化，教堂、博物馆、雕塑都反映出这个国家和城市的历史。董盈告诉我们，巴黎无处不成景，什么地方都可以拍照。楼房一般5～7层。临街道一面甚至禁止安装空调机。因为会破坏景观，你买下一幢房子想要改造可以，但临街一面必须保持原貌。而在生活中又重视和鼓励创新，时值世界杯足球赛，巴黎就发行了一套全国邮票,独具一格。

生态环境意识极强。不仅是巴黎,整个西欧都可以体验到优美、干净的环境,城市里遍布绿地,公园、花坛、广场美不胜收。偌大的巴黎每天仅流动人口就有300万,能留下这么多绿地,令人惊叹不已。巴黎的下水道可以拍电影,再发展100年也不成问题,流经市区的塞纳河水很清,到处都可以看见鱼。

比美国人会生活。西欧基本上都是发达国家,日常生活水准与美国差不多,但欧洲人会生活,不像美国人那样疲于奔命,而是优哉游哉,双休日许多商店都关门歇业,这并不妨碍经济发展。另外是该节俭的地方就节俭,如机场的行包台就比较简陋,国飞家中的电视机还是20寸的小彩电,并无升级换代的计划。而大街上通地铁站的自动化电梯就一直开着,方便居民出行。

交通十分发达。以巴黎为例有航空港3个,铁路车站6个,公交巴士线路300多条,地铁线路14条,郊外地铁线路4条,纵横交错,高速公路更是通往全国。市区的地铁车次很密,一般3～5分钟一趟,且站名、路径都标得非常清楚,像我们这样不通法语的外国游客也不会迷路。车票也极个性化,有周票、月票、年票很方便,我们多买周票以方便出行。

总起来看,西欧给人们的印象不错,要到国外定居生活,西欧优于美国。从我的观点看,西欧最大的问题,一是条件太好,生活太优越,人们显得比较懒散,有不思进取的倾向;二是福利过高,国家财政不甚重负,已难以为继,今后是否走向衰落,就要看教育和科技的发展了。

### 城市规划

一到巴黎就听董盈说,巴黎是美丽的城市,在市里任何地方都可以拍照留影。巴黎歌剧院四周立柱上都是著名艺术家的雕塑。人们说,任何人都无权改变巴黎市容。如果你花钱买下一幢房子,要想改建,那就必须遵循这样的原则,即临街一面不能改变。董盈工作的单位就在歌剧院对面,是一栋圈楼,天热的时候,只有背街的一面有空调,于是大家只好隔一段时间就到背街一面的走廊上去凉快一下。可见巴黎市政厅对景观保护之严!

我专门请教了巴黎盖楼的程序。首先设计盖几层,多少套房间,挖地基,一般占1～2层,挖出的土堆在楼房两侧修路,地基的空间就做地下停车场。楼盖好了,路和停车场都有了,难怪巴黎这么多汽车并不显得拥挤。

### 交　通

巴黎的公共交通相当完善。据说,巴黎城区人口1 200多万,而每天的外地游客就有300万。你在街上经常可以看到人们在看地图,那就是外地游客。为他们服务的就是地铁网,这个网可以说是四通八达,车次很多,车站的标识非常清楚。乘地铁的人很多,但秩序井然，很少拥挤。只要你注意一下就会发现，靠车门的座椅很少有人翻下来坐，原来是为了照顾行动不便的老人或残疾人。铁路从外地通到巴黎北部的里昂站和南部的蒙巴拉斯站，就近就可以转入市区地铁，非常方便。我们为了不给国飞添麻烦，总是自己去地铁站乘车，有时国飞也开车把我们送到地铁站。可以说，地铁真正方便了我们的出游。

## 下　水

巴黎的下水系统非常完善，这是一个大网络，下水道即使再让巴黎发展100年，也能承担城市的下水功能。下水道里可以拍电影，而且与多层地铁互不干扰，让人们不得不佩服规划专家的远见卓识。

## 公　园

除个别的私人玫瑰园要收费(10法郎)外，公园都是免费开放的。值得一提的是，有市东和市西两座大的公园，面积都很大，有的里面还开小火车，园内绿草如茵，林木叠翠，让人心旷神怡。人们都认识到公园是城市的魂，公园里都设有钓鱼处，也看见有人垂钓，但钓上来就放回河中了，因为巴黎人不吃河鱼，爱吃海鱼。穿城而过的塞纳河里鱼不少也不小，每条足有一两斤，却很少见人去钓，所有的公园都很清洁，果壳纸屑都丢进垃圾桶里。人行道上，草坪上干干净净，从这里可以看出，巴黎人的素质很高。

## 生活与消费

欧洲给我们的印象是，比美国人会过日子、会生活，不像美国人整天疲于奔命。双休日大多商店停业休息，当然也有一些超市营业。消费观念也不像美国人那样追求时髦，像陈国飞家，客厅里只有一台21寸彩电，衣着也很普通。这里的生活节奏给人一种悠闲的感觉。

## 香　水

法国的香水闻名于世，导游常带游客去香水厂参观，推销生产的香水，当然香水价格也不便宜。不过国飞曾告诫我们，在法国买东西，千万不要换算成人民币来比较。当时1法郎约合人民币4元。一小瓶香水20法郎算是很便宜了，合成人民币80元。不过，参观完以后总是少量买点做个纪念。另外，说到香水，就离不了“鼻子”。据说全欧洲大约有45个有名的“鼻子”，法国大约占了三分之二。香水厂就全靠“鼻子”来制定配方生产香水。不禁让我想起了云南产的香茅草，也可以制作香料，但从未听说有什么著名的“鼻子”。一笑。

## 创　新

法国人善于标新立异，且富有创新精神。我们在巴黎期间，正值世界杯足球赛在法国举行。开幕那天,巴黎热闹非凡,电视画面上出现模拟巨星沿马路踢足球,全城轰动,最后法国队夺冠,齐达内成为全国英雄。为庆祝成功举办世界杯赛,法国发行了一套纪念邮票,竟然是圆形的！邮票形状很多,方形、长方形、菱形都见过,唯独没见过圆形,这里可见法国人的独创精神。一天,国飞带我们去他所在的公司参观,他介绍公司有一个小组正在设计发电厂的晾水塔。我知道为求得同样体积下最大的晾水面积,多年用双曲线型。可国飞说,这只是表面,他们公司设计的冷却塔是根据当地的风向风力设计不等厚的最节省材料的冷却塔。这我还是第一次听说,真长了见识。

凡尔赛宫是座大型皇家花园,去的那天不巧,宫殿不开门,游人依旧很多,我们只能在外面转转,但见花园修建的整齐美观,雕塑喷泉赏心悦目,作为弥补,从小贩手里买了一本小画册,从中可以看到宫殿里的金碧辉煌。这座皇家园林保存管理得这么好,看到游客们兴高采烈,真感叹法国政府的人民意识。

埃菲尔铁塔是巴黎的标志性建筑,远看壮观,近看雄伟,登塔要买票,我们就买了到次高层平台的票,稍便宜些,有电梯,平台上有模拟施工的影像,俯视巴黎更是尽收眼底。每隔一段就有一个观景平台,让游客尽兴。据说埃菲尔铁塔总是不停地刷油漆,因为全塔刷一遍约需一年,于是周而复始不停地刷。

凯旋门是又一标志性建筑,门上不仅有精美的浮雕,而且以前有一盏永不熄灭的地灯。凯旋门正对著名的香榭丽舍大街,尤显雄伟。

巴黎坐落在风光明媚的塞纳河西岸,市区形形色色的建筑,美不胜收的园林,雍容华贵的大街,琳琅满目的雕塑无一不令人流连和陶醉,充满着对世人神奇的诱惑。巴黎堪称是西方世界文化艺术之都,全城如同一座建筑艺术陈列馆,从中世纪到现代,不同时期不同风格的建筑随处可见。

卢浮宫是文艺复兴时代的宫殿建筑群,这里收藏着法国及其他各国的艺术珍品 40 多万件,被称为“万宝之宫”,其中最著名的是被誉为“宫中之宝”的古希腊爱神维纳斯雕塑、胜利女神尼卡雕塑和达·芬奇的油画蒙娜丽莎。

## 凡尔赛宫

这是法兰西建筑艺术的一颗明珠,这是一个呈“U”字形的庞大宫殿,是举世闻名的皇家宫苑。整座宫殿对称布局,内部陈设和装饰极富艺术魅力,在由石块铺成的广场上矗立着路易十四的塑像。当天我们未能进入宫殿(闭馆),据介绍宫内有许多著名大厅和长廊,其中镜廊以雍容华丽和富丽堂皇著称。镜廊西墙 17 扇高大的拱形窗户和东墙由 400 面镜子组成的 17 个拱形大镜记载着无数重要的历史场面和古人事迹,广场两侧是宽广的法兰西式大花园,园内运河波光粼粼,绿草如茵,喷泉、水池、花坛,优美生动的雕塑组成一幅令人流连忘返的美丽仙境。

## 埃菲尔铁塔——巴黎的标志

埃菲尔铁塔像一个巨人高高耸立在巴黎市中心的塞纳河畔。铁塔是为庆祝法国大革命100周年于1887年动工，两年两个月又二十三天建成，全部用钢材架构，塔高320米，总重量的9 000吨，塔内有1 700多级环形楼梯和4部电梯直达塔顶，站在塔顶，极目四望，美丽的巴黎城尽收眼底。埃菲尔铁塔是巴黎的象征，法国人的骄傲。

## 卢 浮 宫

卢浮宫是文艺复兴时代的宫殿建筑群，现辟为博物馆，收藏着法国及欧洲各种流派的艺术珍品达40多万件，被人称为“万宝之宫”。其中有最著名的被誉为“宫中之宝”的古希腊爱神维纳斯雕塑、胜利女神尼卡雕塑以及达·芬奇的油画蒙娜丽莎，展品以雕塑和油画为最精彩，除66厅外均可拍照，但参观人极多，拍照也挺费劲。卢浮宫内许多天井展示的雕塑也美轮美奂，入口处的玻璃金字塔成为新的景观。整整一天看到不少享誉全球的珍贵精品，卢浮宫称之为世界艺术宝库也当之无愧。

枫丹白露(Fontainbleau)是距巴黎60千米的一个小镇，人口5万，多为富人别墅，景色绝佳，巴黎高等矿业学校(CGES)就坐落于内。这里有枫丹白露公园和拿破仑小道，所谓小道确是拿破仑散步的地方，小道两旁树木参天，地面草坪犹如地毯，有水池、小亭、运河，十分美丽，空气也异常清晰。CGES建在这里可比在巴黎市内更胜一筹。

## 运河之城——阿姆斯特丹

阿姆斯特丹名为荷兰首都，实际上政府机关全在60千米外的海牙，这是16世纪建起的，计有160多条运河和1 200座桥梁，称“运河之城”很确切。在大的桥梁下建有14座水闸，已有1 500年的历史，主要是调节运河的水位。游览市容全靠游船，市区建筑独具特色，就是大门极窄小，因为当时是按大门所占宽度来征税的，为了搬运家私，大门上均装有吊钩以便从窗户进出。所以，一家一户都是大门极小，可是里面挺大，呈长条形。但不少房屋已倾斜，因为房基的木桩受海水水面升降的影响而腐蚀了。

## 花 展

人们把风车、木鞋和郁金香称之为荷兰三宝。荷兰的花卉业十分发达，种植、剪切、包装、销售一条龙都是现代化的，是出口重要资源。而Keukenhof花展更为著名，这是一个私家花园，约600万株各式花卉，以水、树、草坪与花丛相间，简直就是人间仙境，其中以郁金香最多，有黑、紫、大红、火红、粉红、黄、白，呈图案形分布，极其壮观，真是无处不成景。

## 钻　　石

荷兰有世界驰名的钻石加工厂,原料多产自南非(最早的产地是印度),由于是火山爆发时的产物,极稀少。我们参观的钻石加工厂可以将钻石加工成 57 面,即上部小头 24 面,下部大头 33 面,这是最佳面数,最能反映钻石的价值,而面再多也增加不了钻石的亮度。钻石最硬,切割磨光后要消耗 50%～60%,磨下的粉即用于磨光,价格昂贵。在伦敦塔桥博物馆珍藏的历代女王王冠钻石,最大的是 1661 年产于印度的钻石,重 530 克拉;最小的也有 108 克拉。

## 鲜花广场与尿童

比利时首都布鲁塞尔是欧洲之都,许多欧盟的组织机构总部都设在这里。布鲁塞尔市的鲜花广场最为著名,说是广场,其实不大,大约 80 平方米乘以 150 平方米,但每年都按图案用各种鲜花铺设一次,十分漂亮,只在四周留出人行道。离广场不远就是闻名全球的溺尿童像了。传闻尿童发现德军要引爆炸药毁掉这座城市,急中生智,就溺尿浇灭了导火线,挽救了这座美丽的城市。尿童变身"英雄",人们为他树立了塑像,许多国家的政府和首脑都赠送各式各样的尿童套装作为礼品,据说这些礼品已经堆满库房了。

## 欧 洲 之 星

欧洲之星是行驶在英吉利海峡下西跨海隧道的列车名称。海底隧道深 40 米,全长 48 千米,列车开行 35 分钟。欧洲之星有两种,一种是载运大巴的(可运 12 辆),另一种是载运小轿车的(可运 18 辆)。列车两端都有上下汽车用的平台和出入口。乘坐大巴的人们先在岸上办好护照登记及过境手续,然后登上列车中刚才乘坐的大巴车厢。列车到站后,人们就坐在大巴上驶出平台上岸。一节车厢装一辆大巴,车厢间有三道门,中间　道是供大巴行驶的,两侧各有一边门是供人们在车厢间走动的。整个行程跟过隧道一样,很平稳,略有摆动,行驶时大巴要加铁鞋防止发生意外滑动,设计得很周到、细致。从法国的加来到英国伦敦只需 35 分钟。

## 特拉法加广场

特拉法加广场是纪念英国海军统帅纳尔逊将军的广场,中央矗立着高大的纳尔逊像,四周有四座雄狮面向四方,显示将军威风八面。来此的游客很多。伦敦自古就是英伦三岛的中心,市区有点老态,尤其是双层巴士来往穿梭,显得街道不够宽阔,但很干净。市内景点众多,如西敏寺大教堂,是英皇室举行重大庆典的地方;白金汉宫是皇家居所,按点换岗算是伦敦一景,卫兵个个精神抖擞,身穿金色背心盔甲,头载羽绒高帽,十分威武。著名景点还有西敏寺附近的大本钟，藏有王冠珍宝的伦敦塔桥等等。值得一提的是“中国城”位于市中心，周边有许多中国商店和餐馆，经常有社团在这里演出。

### 比萨斜塔

比萨是意大利一座滨海小城，以斜塔闻名。斜塔始建于1176年，最初并非斜塔，因材料过重而下沉并倾斜。塔共8层，每层均有绕塔一周的圆柱，相当雄伟，现倾斜20°左右，正在加固，方法是前方底部注浆，后方在塔身加配重，不知加固效果如何。意大利是欧洲文艺复兴发祥地之一，文物古迹极多，据说首都罗马只要挖开地面，必有文物，很让城建部门伤脑筋。意大利的酒店比法国贵且差1～2个星级，但是游客仍极多，足见文化的魅力。遗憾的是我们碰上的导游太差，许多景点都未看成，十分无奈。

### 迪士尼乐园

迪士尼乐园坐落在巴黎远郊，乘火车后还要转一次汽车，但这也挡不住游客的热情，从三环线界到迪士尼是专线，到站就是大门，门票210法郎约合38美元，真不贵。这个乐园极大，为避开人流高峰，我们采用逆行，先乘园内火车到第三站，玩63～57号，其中62号的Space mountain和58号的360°timetravel最有趣，60号的自动驾驶汽车也很好玩，我和美玲均单独驾车，居然没出什么问题，以上属新大陆一组。二组称吸引组(attraction)，我们玩了39～49号，其中以小世界和童话故事飞象最有趣。午餐后观看几场很吸引人的表演，接下来进入的“冒险乐园”更具刺激性，大家都有点人困马乏可仍兴致勃勃，特别是美玲到达巴黎脚就崴了，一直靠红花油维持，此刻面对小车旁的警告牌：高血压老人不宜，竟然勇气十足地坐上过山车，转了一圈居然无恙，结果一发不可收拾，连续玩了三种过山车，过足了瘾。过山车一个比一个刺激，美玲还在最后一个买了一张照片(50法郎)，我显得有点紧张，美玲倒是开怀大笑。我们在乐园里一直玩到闭园，才依依不舍地出园，人流中有老人和孩子，足见乐园设计师的良苦用心。

以上只是挂一漏万的简述，许多景点不及细述，如巴黎圣母院、圣心教堂、马赛的守护神、德国的科隆大教堂等，就简略了。这一个半月的旅行实现了陪同美玲走出国门的心愿，这里还有国飞和董盈的支持和帮助。美玲心满意足，十分开心。

## 重游云南

#### 重点回顾

此节虽然只是描述了整个岁月的历程，但值得回顾的地方仍然不少。

首先是“神仙之旅”。在腾冲热海老滚锅,我俩与张道一(北京语言学院原院长)一起住进了老滚锅,这是一个当地村办的旅店,非常僻静,住宿有单人间、双人间,宿费不贵,一日三餐由村民食堂提供,既便宜又方便。关键是每天两次泡澡,有单人池和大池,水换好后服务员就喊我们去泡,真是舒服极了。我们原计划住三天,后来三人一致同意再延长两天,改成七天。我们把这七天称作“神仙之旅”,除了夜间方便稍远一点以外什么都好,我们在此彻底地搞了一次卫生运动,把全身衣物都换了,这里洗衣也是用热水,而且很方便。这种神仙过的日子是可遇而不可求的。

其次是访问了腾冲。腾冲是一个既古老又很现代的城市,和五大连池一样,也是休眠火山,这里可以看到许多火山地貌。但腾冲又很现代,许多社会风尚和生活习惯与省会昆明差不多。另外,腾冲还有一些独特的地方,比如诗人艾思奇的故乡“和顺乡”就是一个侨乡,著名的和顺图书馆就出自这里;再有就是纪念远征军阵亡将士的国殇公墓;另有一处国家级的“湿地公园”,湿地可以切割、流动,这些都是昆明所没有的。再拿小吃来说,糖腿破酥包子本来是昆明的特产,现在却难觅踪影,偶尔有那么几家,也是价高质差,而腾冲市里就有好几家在卖,五角一个,个头还挺大,质量上乘。当然,还有热海和滚锅也是昆明没有的。所以,我认为游云南必来腾冲,否则会有遗憾的。

再次就是体验了卧铺汽车的滋味。两个人挤在只有0.9米的小空间里,过去是难以想象的。这次算是“穷游”的办法,既省钱又省时间。尤其是美玲,原来就有“择席”病,换一个地方就难以入睡,这次好了,那么窄的空间,尤其是下半夜至瑞丽,路还差、弯道多又颠簸,真是考验了一番。

后来在艾矿长①的带领下,畅游了普者黑;品尝了蒙自正宗的过桥米线;观看了建水燕子洞的攀岩表演;住进了建水著名的“朱家花园”,这可是王婉君母亲成婚时的住房,相当现代化,卫生间都是全自动的,没有艾矿长的带领,我们是不可能去住这种高档宾馆的。

我和美玲已奔七十,趁着身体尚健,策划长途旅行一次。所谓长途就是从徐州出发先去湖南株洲看望三妹和其颐,再从株洲南下游桂林,再奔南宁,从南昆铁路入滇。算来我们离开云南已有20年了,那时我们虽然在云南工作20年,几乎跑遍了各地州市,可是没有旅游过一次,这一回是下决心旅游一番,看看真正的七彩云南。背景是无官一身轻,只是经济条件不算好,因为除了退休金别无其他来源,就算穷游吧!

我们当天乘夜车出发,7月13日晨10时,晚了两个小时到株洲。

其颐来站接我们,他因骑摩托车两次受伤,走路微微有点跛,精神尚可。三妹在广州做食道扩张手术后仍不理想,只能自己注意饮食。株洲天气炎热,三妹安排我们睡空调房。次日,其颐陪同去炎帝广场,实际是株洲新区。晚吕健回来,我们一起去看他的新房,八十

① 艾发荣:小龙潭矿务局工会主席,四川矿院露采专业学生,毕业后分配小龙潭矿工作。

平方米的面积装修得不错，其颐夸说“有21世纪的气息”。

15日离株洲奔桂林。火车晚点两个小时，上车无座，一直站到过衡阳才找了个座，多亏车上有空调。晚8时抵桂林（晚了四个小时）。找了个南溪饭店，空调房60元一晚，不错。16日游南溪山、象鼻山，所谓“先山后水”，有车接送，倒也方便。游程中王城给人印象极深，现在是大学的校舍，真是有点让人不舒服，高校竟能占用这么重要的旅游景点！

桂林是享誉世界的山水名城，被称为“神姿仙态桂林山，如情似梦漓江水”，这里的奇山丽水醉倒了多少八方游客。据说美国总统访问桂林有感于市政陈旧落后，与自然风光极不相称，就批评说，桂林就像一位美丽的少女穿了一身破旧的衣裳。中国政府认为批评得对，立即单拨巨资改造市容。经过整治，无论是街道还是照明都焕然一新，就算是旅游景点的卫生间也彻底改观。桂林之前来了一位博士市长，他出了个主意，把景点的卫生间与市区的店面房联系起来，你承包了卫生间就可以租到市中心的店面房，而且价格优惠，这样一来承包人有利可图，当然就认真进行管理了。我们去了几家卫生间，不仅干净卫生，而且还评星级。从一件小事上可以看出办法是人想出来的，关键是要有人去想。

17日游漓江，乘空调船。甲天下的桂林山水尽收眼底，船到阳朔上岸，这里是甲桂林的阳朔，上岸后乘车游月亮山、大榕树，晚8时返回。这次桂林之旅，只能说是走马观花，都说“桂林山水甲天下，阳朔山水甲桂林”，确实如此。18日乘火车赴南宁，老同学王俊来站接我们，并代订了车站对面的旅馆和南宁至昆明的火车票。南宁也很热。晚王俊和夫人徐松设家宴招待我们，从车站旅店到王俊家，我们是走过去的，以便欣赏一下南宁这座花园城市的市容美景。南宁街道两旁都是果树，到了收获季节，竟然没有人去街道随意采摘果子吃，这也算是一道风景吧。19日上午我们自己浏览市容，午后两点就上车奔昆明了。选择南昆线是避开爬云贵高原的大坡，心理负担会小一些。果然次日晨6时就到昆明了，是杨宁接的站，就住在王婉君家，子毅也到了，我们当即决定次日直飞中甸（香格里拉）。

昆明不愧是旅游城市，一个电话，三张机票当晚就送到了。

21日凌晨，为了不惊动老大姐家人，我们一行人6点就悄然出门了，去巫家坝机场，离市区很近，打的半个小时就到了，7时起飞，8点多就到达中甸（香格里拉），打的进城，城里很干净，我们找了个商贸招待所，才开张，一切都是新的，三人间每晚60元。稍事梳洗休息就打的赴纳帕海，这是一块湿地，人是走不进去的，必须骑马，租马就贵了，要30元一匹，里面有一湖泊不算大，我们到了湖边下马，拍了几张照就准备返回了。怎么回城呢？打的找不着，坐顺风车也不好找，等了一阵子拦下一辆拉石子的车才回了城。在城里没有停留接着打的去归化寺，这是一座规模挺大的喇嘛寺，内有八座康仓，信奉班禅大师。我们看了几座康仓，大同小异，但建筑和佛像都很精美，足见喇嘛教的影响。

从归化寺回城，就买了次日游碧塔海的往返车票，每人65元。这时，大家已经开始明显地感到高原反应了，中甸海拔3 200米，看来超过3 000米就有问题了。头痛是主要反应,美玲还觉得腿软无力。22日晨去碧塔海,三人从人行栈道(圆木铺就)走约2 000米至海边,这是一座非常美丽的高原湖泊,四周全是长满“胡子”(一种寄生藤科植物)的松树,湖心另有一小岛,也是翠绿一片,乘10人座的小木船绕湖心岛一圈(20元/人),仅在湖边小憩片刻,即骑马由马道上山(30元/人),乘原车回城。此时约午后2点,为避开高原反应,决定当天就奔丽江。

终于买上了3点的长途汽车,大约7时许抵丽江。丽江海拔2 600米(县城仅2 200米),找到一个茶花旅社,3人间每天30元,晚饭后就休息,实在有点累了。香格里拉的高原反应已消失殆尽,感觉舒服多了。

23日包了一个小车去玉龙雪山,司机就是茶花旅社老板祁以仁的女儿。进山门票40元/人,我和美玲持老年证,免费进山。我们在大索道站休息,子毅兴致勃勃地扛着相机乘专线大巴前往大索道,玉龙雪山海拔5 500米,我和美玲肯定吃不消。大索道可登顶峰——扇子陡,可以看到雪与冰川,另有一小索道去云杉坪,那里另是一番草原风光。我们在索道站附近走走,竟然没有发现索道站,足见索道修得相当隐蔽。将近1点子毅才返回。下一站是东巴壁画。原来丽江是纳西族的聚居地,而东巴文化有悠久的历史,不仅有纳西古乐,还有古老的象形文字,引世人瞩目,但过去明显缺乏专人研究。从开车小姐介绍方知,丽江是1996年大地震的中心,城区建筑大多损坏,可谓满目疮痍,但因受到中央的重视,各地也纷纷伸出援手,几年的时间彻底变了样。丽江古城为一个四方街形,周边引得玉龙雪山的雪水四周环绕,街面向外均有小桥,这一泓清澈的雪水一年四季供市民享用,洗菜洗衣各有地段,使丽江古城干干净净,凭添了丽江古城的诱人魅力。

在古城品尝到了著名的丽江粑粑和凉粉,味道的确不一般,只是嫌油重一些。据老板讲,昆明世博会期间,丽江也设了一个展位,因为丽江粑粑很有名,而昆明人为了尝鲜专门跑来丽江的人毕竟不多,相距400千米哩。但用昆明的糯米面就是做不成丽江粑粑,最后还是从丽江专门送面过去。

丽江古城干净清爽,气候宜人,不少外国朋友来此长住,他们往往住在老乡家里,只要把卫生间改造一下就行,又干净又便宜,每天下午来街上喝杯咖啡,十分潇洒,也形成了丽江的另一道风景。

24日,我们包车去虎跳峡,220元/天,车到虎跳峡,换乘当地的小面包车,车子颠得厉害,7公里的路,走了足有半个小时,车到峡口听到波涛汹涌之声震耳欲聋。原来1 000多米的江面流到峡口压缩成不足30米,中有一巨石屹立。传闻老虎经此石一跃而过江,故称虎跳峡。我们沿公路逐级而下直至江边,仔细端详十分壮观,子毅情绪高涨忙着摄影,我们也拍了几张。上坡时,几位轿夫请我们坐轿子,为了生活,这里共有60乘轿子排队等客,于是我和美玲各坐一轿,25元/人。

返程中又去了石鼓镇,这是红军长征时渡江的地点,江面很宽,足有1 000米,身后有追兵,没有老百姓的支援,是不可能过江的。参观了石鼓亭就在镇上品尝了著名的江鱼,真是味道鲜美肉质细嫩,30元/斤哩。接着就游长江第一湾,这是一个很大的“V”形弯,江面很宽,很有气势。最后小车把我们送到了黑龙潭公园,玉龙雪山大量的雪水就是经由这里流向古城的,水景壮观,水量惊人,大约相当于两个1米直径的大管向下倾泻,水质又绝佳,真可谓丽江之宝啊。我们玩到晚上6时才回旅店。趁此机会,我们把四角磨破的旅行袋都请工匠用皮子包了一下,以后就不怕磨了。

25日乘班车经永胜至宁蒗,全程215千米,在永胜城里吃午餐,快到宁蒗县城时,有面包车来接我们去泸沽湖,离县城还有70千米。这段路修得很好,约7时就到了,我们住在村长家二楼,外廊可欣赏湖景。关于泸沽湖的传说很多,这是一个母系社会,一切由女性担当,男人是附属品,可惜关于这方面的风土人情,根本就没有人介绍。湖边停的猪槽船可供游湖用,可惜晚上下起雨来,美玲认为猪槽船不安全,很是令人失望,就决定回丽江。子毅原本坚持要游湖,可下起雨来令人扫兴,一到县城我们马上转车回丽江,子毅就决意返回深圳。

27日上午,我们包车去游白水河,河面宽约百余米,有一个落差约5米的小瀑布,接着又是几级阶地,上面布满了石灰岩形成的水盆,河水在此翻滚成一片白色,这就是为什么叫“白水河”的来历。这样的景色与黄龙沟的景色十分相似,只是规模小多了,倒也很让人赏心悦目。

当天子毅就乘夜车返昆明回深圳了。此次子毅陪同我们一起游滇北,美玲也十分开心。孩子大了都有自己的事业,此次陪我们游玩了一个星期已是十分难得,何况近期正值重调岗位,我们不能耽误他。今后的行程就是我和美玲两个人了。

28日晨离开美丽的丽江,下午2点抵达下关。下一步是腾冲,怎么走,一个办法是在下关住一夜,明早再乘白天的班车去腾冲,这样走的好处是时间上多花一点但人不受累,沿途还可以观窗外景色;另一个方案是干脆下关不住了,直接坐卧铺汽车,这样可以省一些钱,车子是晚上7点开,这里有半天时间,想找个床位休息,总嫌太贵,就在汽车站候车大厅里熬着。我们决定坐卧铺汽车还有一个原因就是原计划从瑞丽返回昆明就是坐卧铺汽车,何不乘此机会先试一下呢?熬到下午5点,司机居然让我们先上车。

车子一上大(理)保(山)公路走的全是便道,天又下了点雨,颠簸得厉害,后来迷迷糊糊也都睡着了,说明我们还真有点适应能力,不过我们也的确太疲倦了。

29日晨7时抵达腾冲,在此邂逅了北京语言学院前院长张道一,张老七十有三,孤身一人,正好与我们结伴同行。他建议先去热海,于是就打的前往,被宰了30元。进入热海我们顺着一条小溪逆流而上,路过大滚锅热海饭店,我们不为所动,一直找到溪头真正的老滚锅,这是当地村子修建的,有单间有大池,住宿条件也不错,很僻静,一日三餐都在村子里吃,还有不少不知名的野菜,味道不错,一天住宿15元(双人间),三餐每人每日10元,泡澡几乎是免费的，由于热水是溪水引来的，成本很低，我们觉得既方便又经济，原来计划在热海住三天，后来三人一致同意多住两天。为了答谢老村民的热情，临行前我们花了10元买了一只鸡大家吃，皆大欢喜。我们在老滚锅一天可以泡两次澡，舒服极了，可以说是游云南最舒心的几天。每天早上一开门四周全是翠绿的青山，确有世外桃源之感。我们也趁此彻底搞了个人卫生，把全身的衣服都换了，一身轻松，唯一的缺点就是厕所太远，半夜起来不方便。29日，我们一行三人包车进城游云峰山，180元/天，门票免了(老年证)，索道上下50元/人，到了上面我们本想上峰顶取“神水”，后因路太陡便作罢。中午在小镇用餐后去火山，我们在五大连池已经看过了火山口，就没有再往上爬，而是在下面参观了火山博物馆，才知道这里与五大连池同属休眠火山。在腾冲城里又品尝到了两样美食，一是糖腿破酥包子，这本是昆明街头的美食，可现在已几乎绝迹了，有个别包子铺也卖破酥包子，价钱还不便宜，就是没有从前的味儿了，腾冲城里有好几家在卖，个头蛮大，才0.5元一个，味道正宗；另一道美食就是“稀豆粉粑粑”，稀豆粉是调好的美味豌豆粉，粑粑是昆明的烧饵块，在火盆上烤好剪成小片放在豌豆粉上和着吃，味道确实鲜美。张老吃了一碗还加一碗，直夸我们会找好吃的，其实我们在街上也是碰上了，确有口福。回到老滚锅已近6点，晚饭还品尝了不少不知名的野菜，9点左右服务员来喊我们泡澡，说水已经换好了，我们应声去泡，半个小时后，劳顿尽消。

30日张老要去珠宝城，我们要去瑞丽自然不必在此看珠宝，只是随意逛逛街，原想找干鸡枞，可惜来得太早了，鸡枞未上市。和顺乡是著名诗人艾思奇的故乡，也是侨乡，还有来凤公园，我们都缺乏游兴，午后就回热海了。眼看要与张老分手了，还真有点依依不舍呢！

31日畅游热海，这里有著名的大滚锅，直径约10米，有四五眼热泉注入，水温98℃，水面日夜翻滚非常壮观！附近有不少与热泉相关的，如蛤蟆泉、珍珠泉、怀胎井、眼睛泉等，美不胜收。在大滚锅周边有几个小眼，不少居民在此煮鸡蛋、煮玉米，别有一番风味。大滚锅边上就是明珠大酒店，设施不错，才90元/天，说起来也不算贵，当然比起我们住的老滚锅来，就有天壤之别了。

在腾冲这五天可以说是神仙的日子，每天一大早就开门见山，满眼翠绿，住宿条件也不错，空气清新、安静，一日三餐都不错，虽无大鱼大肉，却也野菜不断，又干净又便宜，服务也很周到，每天泡澡30分钟以上，泡到疲劳顿消，浑身像散了架似的舒服。说实在话，自己在家里也达不到这种生活水准。如果不是后面有行程安排的话，真想多在老滚锅住几天！腾冲给我们的印象好极了，可以说既古老又现代，是来云南旅游的必游之地。

8月2日，结束了神仙之旅奔赴瑞丽，走的是梁河、盈江、章凤一线，可车子一过盈江就出了毛病，司机拿着零件返回盈江修理，这一折腾，下午6点左右才抵达瑞丽。为了方便，就住在车站招待所，15元/人，也还可以，只是临街，吵闹得厉害。3日一大早就打车去著名的大金塔，这里最有特色的景点，这座大金塔颇具特色，塔台上的金塔无论从哪边看到都是从大到小左右排列，相当壮观美丽。也许是早上游人不多，出来就搭车到中缅边境，的姐告诉说，因为算是出国，拿护照还要签证。为了省钱我们就不过去了，就在中方这边逛逛，这里的玉石特别多，张老在腾冲珠宝城买了一块戒面玉花了 300 元，这里几十就能买到，我们先后买了戒面玉和手镯，还花了 50 元买了一座子母象(昆明机场要 600 元哩)，可以说是满载而归。回城后我们在边贸街的珠宝城把戒面玉打成戒指，打算明年作为子毅 40 周岁的礼物。4 日取戒指，还比较满意，做工比内地要漂亮些，午后 2 时即乘上卧铺大巴回昆明，我们已经有了乘坐卧铺汽车的经历，也就比较有经验了。何况上次睡的上铺，摇得比下铺厉害，另外鞋子要找地方放好，这次下铺就方便多了。这一路 840 千米全是国道，路面都很平顺，有半个白天可以观景。我注意到车正是在龙陵附近过的怒江，和过去走的不是一条路，没有惠通桥，当然也就看不到长达 40 千米的松山坡①了，显然选线设计改道了。这一路车子开得较快，只是沿途查毒品很严，一共查了两次，每次大约花半个小时，我们也只是耐心等待。5 日晨 8 时车子安抵昆明，停靠南坝车站。在出站口我与艾发荣矿长联系，我们的行程早在株洲就与王文忠②局长和艾发荣矿长沟通过了，他们应该有准备的，果然艾矿长说明天会派车来昆明接我们。

回到婉君家得知子捷到处打听我们的行踪，小昆也来过电话，婉君成了我们的接线员了。

说起王婉君就不能不说一下大地震的事。1970 年元月 5 日零点 53 分，云南通海发生 7.8 级大地震。峨山彝族自治县就在通海西边不远处，也属震中区，当时我们一家五口分散在三处：美玲带着小儿子小昆在峨山劳动锻炼，年儿和捷儿在昆明上学，我一人在羊场煤矿现场设计队。6 日突接美玲电报："地震受伤，衣物全无，速回。"我接到电报心急如焚，马上请了假，带了一个小行李卷赶回昆明。想从矿区回昆明并不容易，首先要找拉煤的车把我捎到格以头车站才能坐上火车，而拉煤的车借口不安全(司机总加班，睡眠不足，犯困会突然睡着，易出事故)不愿意带，只好求人帮忙，拿电报给他们看，好不容易才搭上了一辆拉煤的车。到了格以头，还要在小旅馆住上一夜，因为当天的车已经过去了，要第二天才能上火车，等我急匆匆赶到昆工家里，却是铁将军把门，家人一个也没有，走到外边一看，满山坡都是"地震棚"，就是把双层床放倒在上面盖上防雨布，地上铺上席子和褥子就成了棚户了。我沿棚户打听，才知道美玲带着昆儿在 43 医院，我立即赶到医院很快就找到了他们娘儿俩，美玲轻伤，昆儿因为是"大头"，被倒下来的土坯砸了一下，两肩还有血迹，倒无大碍，后来才知道昆儿得了轻度脑震荡，上学时在太阳下站久了会晕倒，后来我们想法买来天麻磨成粉蒸鸡蛋吃，慢慢地就好了，倒也没留下什么后遗症。那次大地震我们家最幸运的就是年儿了，大儿子本来同捷儿在昆明上学，他也跑到峨山去看妈妈。5 日是周一，美玲 4 日就

① 云南龙陵县松山，是抗战时期的战场，经过艰苦奋战国军战胜，日军败溃。

② 王文忠是四川矿院露采专业学生，在小龙潭煤矿工作，时任矿务局局长。

催年儿回昆明。因为捷儿一个人在昆明呢,年儿听了妈妈的话,4日下午就回昆明了,算是躲过了一劫,要是留在峨山后果就很难设想了。

事后说起大地震的详情,还真有点触目惊心,昆工选定峨山作为劳动锻炼的基地,是因为这里还比较富裕,生活不算太苦。当时美玲带着昆儿住在一个老木匠家的楼下,另一位女教师曾绣华带着孩子也住在楼下,王婉君则住在楼上。地震发生在半夜,大家都在睡梦中,由于房子倾斜时王婉君从床上像坐滑梯一样滑到了地上,王婉君不愧是老云南,她马上意识到这是地震,四周漆黑一片,不辨东西,手电筒是关键,她顺着斜坡样的床爬回去很快摸到了手电筒,凭借手电筒的微弱亮光找到了美玲她们的床位,这时双层床已经倒了,土坯把人和床都埋起来了,好在方位已确定,王婉君就用手去搬土坯,只能用手不能用工具,因为土坯下埋的是人,幸亏双层床架着,虽然埋在土坯下,人在里面还能呼吸,也听得见王婉君的喊声,昆儿在里面拼命地喊:“王娘娘救救我。”自以为拿出吃奶的力气在喊,可外面只像是听蚊子叫。不一会儿终于把他们娘俩扒出来了。就这样昆儿一直把王娘娘看作是救命恩人,每到昆明先去看望王娘娘,子刚虽然躲过了地震,也把王娘娘视作救命恩人,子捷也一样。王婉君也把我们家每个孩子视为己出,所以我们家就和王婉君成了生死之交。这就是为什么我们在昆明没有买房子以前把王婉君家作落脚点的来龙去脉。

8月6日晨先预定返程机票,当时教师资格证未带,只有工作证,联系还挺顺利,机票价从每人1 189元降到890元,很不错了,此刻婉君临时提出要随我们一起出游,我想车子挤一点到也能坐得下,就同意了。10时许艾矿长派小李开车来婉君家接我们,一行直奔宜良。艾矿长在酒店等我们,先随意吃了点午餐就去了九乡,这是一处有穿山洞的景点,河水水量很大,轰击之声震耳欲聋。穿山洞中厅堂很大,还有根雕展览,我们一行“跑马观花”,景色很美但来不及仔细观赏,匆匆穿山而出。一出来艾矿长就招待我们吃宜良烤鸭,这是宜良著名的美食,相比之下我感觉比北京烤鸭更鲜美且嫩而不腻。

接下来就听艾矿长指挥了,他让我们先游普者黑,这正是杨宁一再推荐的景点。车到普者黑已是晚上,艾矿长安排我们住小别墅,环境十分幽静,住宿费可不便宜,要280元/天。次日早餐后即租船下湖。这是一条四周被荷花包围的河,此刻荷花已开始凋谢,但仍有不少荷花在开着,四周山的形状颇像桂林漓江两岸的山峰,煞是好看。河上有两个洞,人在前面一个洞下船进洞,船再到第二个洞口来接,也算一点小花样,别有情趣。据说这里是云南省旅游的热点,果然名不虚传。

丘北过去是昆工的下放基地,以往这里很穷,特产是辣椒,据说越是贫瘠的土地,长出来的辣椒就越辣,于是丘北辣子就出了名。现在比过去好了许多,也不算富,在这里能有如此美景,也算是上苍对人类的一点补偿吧!

天是忽雨忽晴,午餐是农家乐,非常可口。婉君游兴极高,游湖游了整整一天,竟不觉得累,到傍晚才上岸。按艾矿长的原意,奔水泊山庄,不料到山庄一看竟是败落关门景象,于是就改去开远，此时艾矿长又从矿上调来一辆车，这样每辆车才3个人，松快多了。婉君是老大姐，总是坐在副驾的位置，自喻是大熊猫，一级保护对象。

赶到开远已是晚8时，安排入住三星级的恒红园酒店，又洗桑拿又按摩、修脚，很是享受了一番。

8日晨，驱车赴建水燕子洞。这里的攀岩节从8日开始，为期十天，今天是首日，洞前早已是车水马龙，热闹非凡。这是一个久负盛名的“洞”，洞口约30米宽、50米高，有一条河穿洞而过。攀岩就在洞口，有十几位高手轮番攀岩从岩壁上摘取燕窝，游人在洞口观看高手们的表演。由于没有任何安全设施，总是让人捏一把汗。据说就在前不久就有一位从岩顶上摔了下来，正在医院抢救。除了摘取燕窝外还有一种为客人代挂条幅，多为祝福庆寿之语。看完攀岩就乘船顺河进洞，洞内厅堂很大，在这里可以品尝到燕窝粥和点心，并欣赏民族歌舞表演。下午进建水县。这是一座历史悠久的文化名城，这里的孔庙据说仅次于山东曲阜，孔庙为建水中学所占用，现已逐步让出，孔庙的大殿里有历代帝王的题匾，相当宏伟，殿前的水池花园也在修复。参观完文庙就入住“朱家花园”，这是一座部队中将的府邸，建筑十分考究，计有48个天井，足见规模之大。每个房间都有古老的帐床，都设有卫生间，而且是现代化的卫生间，所有的门楣、梁和柱都有诗词歌赋，书法字画满布，让你感觉浓浓的文化氛围。由于原来是部队驻扎，这座“花园”才得以保留，现已完全改成为宾馆，非常幽雅古朴，既安静宽敞，又交通便利，十分难得。婉君说他母亲结婚时就是在这样的房子里。据说还有一处“张家花园”与此类似，却没有这么幸运，早已被民居瓜分了，相当可惜。

9日早餐后即驱车蒙自游了南湖。到蒙自当然要品尝正宗的过桥米线，据说昆明等地的“过桥”源于蒙自，果然品种味道都别具一格。接着就奔赴小龙潭，这里可是矿大校友最多的一个矿山，至少有四五十人之多。此次没有特别任务，重点是与校友相聚，可惜王文忠局长去昆明了，张雷①也不在，但无论是局里还是矿上都有许多校友，晚上玩了几圈麻将又吃了消夜，看来这是矿上的一种生活习惯，借此沟通交流，联络感情，少数非矿大的同学也来助兴。10日参观生活区，这是一项大型绿化工程，如果不是采场就在附近的话，这里就是一座大花园，艾矿长还专门用冬青树围成一座“迷宫”，在里面还真的会迷路的，来此散心的人不少。午餐是二大队校友请的，菜肴都极丰盛，晚上又吃烧烤消夜。

艾矿长原拟带我们去西双版纳一游，但因艾矿长已经陪我们玩了将近十天，他这个一把手也该上班了，我们便决议不去西双版纳了。11日早餐后，小李送我们回昆明，中午在宜良午餐，由婉君付账以答谢艾矿长，临别艾矿长又送我们各2千克三七(30头的)，婉君自然很高兴。此次滇南之旅有艾矿长的精心策划，又有小李和小杨的照料，婉君是十分满意的。12日接子捷电话，希望我们早些回去，经电话联系，机票可以从原订的28日提前至24日，

① 张雷是中矿大露采专业学生，时任小龙潭矿务局处长。

这样还有11天的时间看望老朋友。当天首访楼文浩[①]，捎去路易十四的法国酒一瓶，他一人在家，小姚仍在深圳，楼捷去郊游了，颇似寂寞，现在一朋友处帮忙。午餐由小楼做东吃过桥米线，餐后就去办改签航班事宜，很顺利。随即去煤矿设计院看望汪梅生、唐滢、吕美霞[②]，以汪梅生最高兴，俨然以“秘书长”自居，定周三餐会一次。

13日上午逛沃尔玛，就在小西门，人很多很热闹，我们计划下午就赴小邓家家宴。小邓即邓延娟，是美玲外语组的同事，他爱人刘北辰现任九三省委主委。昆工已改为省属，并与云南工学院合并，改名为昆明理工大学，刘北辰为昆明理工大学柔性研究所所长。

14日专访吴家厚和华菊香，菊香四点半才从医院请假回来，吴华来家小坐，因有事先走了，吴敏在非洲，吴英已是省电力厅办公室主任了，也来陪我们。家厚身体不太好，平时在家临摹书画自娱。晚餐是外卖一桌，很丰盛，饭后小坐，约9时吴英开车送我们回云大王琬君家。

15日趋访吉明[③]，方知他于1997年几乎是大难临头，一是连续出了两次车祸，二是企业亏损严重，主要是摊子铺得大。1998年重振旗鼓，精简放权，经过一年多的努力，总算渡过了难关。吉明设午宴为我们接风，不料逛街时美玲突发呕吐。16日专程去设计院，汪梅生、张罗一定要老友一聚，有唐滢、周桂珍、吕美霞、邱朝鑫、李文琴、汪梅生、陈福琴等，气氛热烈足显友谊之深厚，喝得半醉即乘车回云大休息。17日，吉明派伏师傅来接我们云游抚仙湖。10点左右到达，一汪湖水，风浪还挺大，游人却很少。一是大清早游客尚未到来；二是抚仙湖的特产——抗浪鱼已然绝迹，连扑鱼的渔具都收起来了，老板找了出来，让我们做个样子，拍了几张照片。无奈租了一艘游船绕湖转了一圈，在湖边吃了一顿“洋芋饭”，真香，可惜没有吃到抗浪鱼。饭后即回到昆明，趁伏师傅在就直奔晋初[④]家，之南已经出息了，他从贩蔬菜起家，现在经营房地产，很有规模，据说要给老两口换一套好一些的房子，之梅已去美国。老友重逢，不胜唏嘘。从晋初家出来直奔邱朝鑫[⑤]家，孩子祖庆已工作，搞计算机行业；文琴在家，朝鑫还在帮吴飞云[⑥]搞先锋矿，身体很好，什么病也没有，晚上朝鑫请吃鸽子宴，大家都很开心。

18日，中林来带我们去世博园，因老年证尚未办妥，就买了个半票(50元/人)，还是中国馆内容丰富，外国馆来不及逛。这个景点离城这么近，真是棒极了。

逛到中午才想起来今天是我和美玲的生日，就在里面点了寿面，每人才10元，一笑！

---

① 楼文浩，上海人，1958年仅16岁即来云南工作。

② 汪、唐、吕等同为北京矿院校友。

③ 许吉明，中矿大露采专业学生，毕业后在昆明煤炭设计院工作。其后，离职，自办一设计事务所。

④ 吴晋初，原煤炭设计院总工。浙江嘉兴人，毕业于东北工学院采煤专业。吴之南是他长子；之梅是其女儿，北大毕业后赴美工作。

⑤ 邱朝鑫、李文琴夫妇，是露54同班同学。

⑥ 吴飞云，矿大杨永信教授的硕士生。20世纪80年代毕业后留校，后调云南工作，先在煤炭设计院工作，后调先锋煤业公司任党委书记兼总经理。

午后又游园，4 点半出园，实在太累了。晚上就在叶杨晖家聚餐，刘玉琴也很开心。

19 日，中林专程驱车陪我们游民族村海埂，晚中林夫人杨宗英专门安排鸽子宴，极丰盛。一路上中林是导游兼摄影师，还去中林新居参观了一下。中林现在是省投资公司经理，干得不错，房子是连排别墅式的三层洋房。20 日，中林继续陪游，这回是黑龙潭、金殿，看来昆明的游点还真不少。其中金殿就有三座，都是全铜制作，正殿有大钟，花 10 元可撞 10 下，不少人去玩一玩，也挺有趣。金殿除各种花卉分区布置外，后面还有植物花房，如海棠、多肉植物等，煞是好看。晚上在市里品尝“大救驾”。不要以为是什么怪样的东西，其实就是炒饵块。据传某皇上旅途饿极了，就是靠这个炒饵块救了命，故此得名。

22 日，游园通山、大观楼，婉君也同游，从大观楼出来我们就直接去设计院，本意不打算惊动官方，不料邱朝鑫“走漏了风声”，侯云健院长坚持要老友聚一桌。来得还真不少，汪梅生、李隆涛、邱朝鑫、刘凤云、吕美霞、唐滢、赵家杰、吴飞云、周雅莉，席间忆及往事，欢声一片，聊到晚 10 点才散席。23 日，我们要休整一下，双游翠湖，难得的宁静，看来人的生活确实应该有点节奏，有快有慢，有热闹有安静，才能体会真正的乐趣。

从 7 月 12 日离家到 8 月 24 日回来，共 44 天，算了一下，除去几段飞机外，我们的行程共 6 531 千米，算是给重游云南画上了一个句号。

# 校　友

## 重点回顾

校友会是同学之间联谊活动的一种形式，其目的无非是联络感情，沟通信息，交流各种心得经验，相互支持帮助。校友会的范围很广，可以是一个学校、一个年级、一个专业或一个小班，可大可小。要想办校友会，三个条件必不可少，　是校友间没有严重的过节，二是要有一点活动经费，三是要有一个热心服务的“秘书长”。

所谓“过节”，并非在学习生活中的小矛盾，而是指在政治运动中形成的个人恩怨。

活动经费是经济基础，一点经费都没有，连开会借个会场都会发生困难。当然，经费也不需要很多，因为校友活动毕竟以自费为主。如果校友里有“大款”则另当别论。

最后一条也是最难得，就是要有一个“秘书长”，他热心服务，无怨无悔，善于组织与协调。我们的六次校友会中，前两次是由副班长崔松芳组织的，后来，他就把担子交给了我。我在班上是年龄最小的，我就本着“三人同行，小弟受苦”的俗谚精神，先后组织了四次，除了第五次在南昌由张建全协助组织外，其余都是由我组织，尤其是第六次在昆明的校友会，为大家画上了一个圆满的句号。老大哥们个个都兴高采烈，我心里也是美滋滋的，觉得付出的辛劳很值得。

王文忠局长对于昆明的这次校友会只说了一句话:你的胆子够大的。回想一下还真是老天保佑,没有一个摔跤的,没有一个生病的,否则,还真不好办哩。这里自然要感谢小龙潭矿务局和翠怡酒店的经理们。

我就读的原焦作工学院、中国矿业学院①采49级是一个超大班,共有52位同学,自从改革开放以来,1990年开始举办同班的校友会,至2005年共办六次,大概算是举办校友会比较多的一个班级了。所以把这六次校友会的情况做了个记录,也是一种乐趣。

校友会的成员有多有少,首先看是什么范围的同学,比如同一个年级的校友借毕业10年或20年之际举行校友会,人数就比较多;有的只限于本班的校友会,人数就比较少。阔别多年的同学欢聚一堂是一件十分快乐的事,但是并非都是如此,不少20世纪五六十年代毕业的校友,受历次政治运动的影响,造成许多对立和隔阂,校友会就组织不起来。我们采49级在校时还没有什么大的政治运动,毕业后各奔东西,虽各有千秋,但多数还愿意聚一聚、谈一谈。这就是组织校友会的基础。

组织校友会的另一个基础是经济条件。一方面是校友本身的经济条件,天各一方的校友相聚,交通费用远近不同但必不可少,聚在一起要住宿要吃饭,也会需要一些费用。另外,组织者也需要有点本钱。不可能事事都让大家交钱。我们班在这方面实在可怜,首先是同学们辛勤工作但都进入退休行列,退休金都不高,能依靠子女支持的也不多,我们全力帮助那些比较困难的同学前来参与,采取补贴路费和减免会期内的费用等,受到资助的同学也很感动。

最后也是最重要的就是要有一个热心服务的组织者——秘书长。因为这是一个只能义务服务而没有任何权力的秘书长,我们班第一次和第二次校友会就是由原来的副班长崔松芳组织的,后来就把这个担子交给了我,似乎也应该为老大哥们服务。我们班同学有个特点就是大体上分两半,一半是河南籍的,另一半是苏州籍的,前者的年龄普遍比后者大4～5岁。我就属于苏州籍的,接受这个担子以后,我就认定一个原则:“三人同行,小弟受苦”,我是小弟,理应跑腿,正是本着这个精神,才组织了四次校友会。

历次校友会简况如下:

第一次:1990年10月8日～10日,地点:徐州。与会的有王之高、段鲁珍、于存杰、夏家斌、陈炳强、杜昆山、张建全、周人龙、冯明道、吴金根、刘英杰、李培芳、魏方国、殷智畅、毛钟礼、曹仲、李国贤、于汝绥、南琴堂、彭世济等,计25位校友。此前同班同学除少数有联系外,基本上不知道相互交往,各自都是明哲保身,改革开放以后才开始有一些联谊活动。其实已有十几位校友去世,加上定居美国的姜汉信和失去联系的傅忠旗和齐戚其福,我们这

① 采49级应是1949年原焦作工学院的采煤专业,其后迁至天津改称中国矿业学院,1953年又迁北京称北京矿业学院。

个52人的超大班能有25位校友与会,已经很不容易了。

第二次:1992年9月18日～25日,地点:郑州、洛阳。与会的有米升堂夫妇,段鲁珍、于存杰夫妇、丘庸夫妇、杜昆山、周国玲、吴金根夫妇、刘英杰、魏方国、殷智畅、毛钟礼、王俊、曹仲、薛鸿选夫妇、李国贤夫妇、南琴堂夫妇、彭世济夫妇、我和我夫人等,计校友26人,携夫人16人与会,为本班历次校友会之最。

第三次:1999年10月9日～11日,地点:徐州。适逢矿大90华诞,与会的有:段鲁珍、夏家斌夫妇、崔松芳夫妇、邵泽春夫妇、王松山夫妇、殷智畅、李国贤、我和我夫人等,计校友14人,携夫人6人与会。从上次校友会以来,已有14位校友相继去世,相差仅七年,足见同学们也都进入了老年人行列。

第四次:2003年10月20日～23日,地点:徐州,庆贺同学参加祖国建设五十周年。与会的有:段鲁珍、夏家斌、崔松芳夫妇、邵泽春夫妇、张建全、罗美灿夫妇、周人龙、吴金根夫妇、李国贤、我和我夫人等,计14位校友,携夫人7人与会。21日上午参观了矿大南湖新校区(2 800亩)、云龙湖和戏马台,云龙山是乘缆车上下,中午到市内为校友接风会餐,校友住宿在外招的门前悬挂大字横幅“热烈欢迎能源学院1952届校友返校”。下午时任能源学院院长才庆祥、党委书记尹新平、离退休处处长王雨辰参与合影。22日上午继续在校内参观,中午以烤鸭宴招待校友,下午继续在校内座谈,晚上讨论下次聚会的事,经过一个多小时的讨论,决定地点选在九江(或南昌),采用AA制,由张建全总策划。这次校友会参与的人不算多,时间也不长,但很成功,因为在校的校友都出了力,邵泽春负责照相,夏家斌负责订购返程车票和送站,吴金根负责旅游门票,都尽心尽职,毕竟这都是75岁左右的老人啊。

第五次:2005年9月9日～12日,地点:庐山。与会的有夏家斌与夫人王辉、张建全、刘瑞康、吴金根与夫人张淑婉、刘英杰、殷智畅、毛钟礼、薛鸿选与夫人牛玉娥、李国贤与夫人肖瑞同、我与夫人陆美玲,计校友10人,携夫人5人,另薛鸿选女儿、女婿、外孙女也参加了活动。

9月7日～8日,先期到达南昌的李国贤夫妇、殷智畅、毛钟礼、我和夫人等6人受到张健全和夫人杨桂龄的热情款待,并游览了江南三大名楼之一滕王阁、八一南昌起义纪念馆和八一广场。9日晨下九江与先到校友会合后直奔庐山,入住煤矿工人疗养院。由于张健全的多方联系,疗养院十分重现我们这批为祖国煤炭事业贡献了几十年心血的老人,不仅在旅游和接送方面给予照顾,而且收费也十分低廉。

10日上午游如琴湖、花径、白居易草堂、天桥、观景台、锦绣谷、险峰、御碑亭、仙人洞;下午游美庐,庐山会议旧址、回龙路、三宝树、黄龙寺、乌龙潭,就在参观美庐时刘瑞康赶到了,大家都十分高兴。11日上午游含鄱口、韩鄱亭、大口瀑布、芦林湖、庐山博物馆。下午突然变天了,校友们趁此在室内休息座谈。12日上午下山,先游秀峰、聪明泉、太子(李煜)读书亭、著名的康照双碑,随后游九江,过鄱阳湖大桥,乘游艇观石钟山、浔阳楼。12日下午同学们依依惜别。

这三日半的旅程虽短,但大家都非常满意,每人还带回两罐庐山云雾茶品尝。这次校友会有两大特色:一是座谈为晚间,汇报各自家庭现状,极大地加深了同窗情谊;二是有外客加盟,张健全的三位中学同学和薛鸿选的女儿、女婿、外孙女同游,增添了许多乐趣,小辈们在旅程中还起到保护神的作用,有利安全。在庐山座谈时,借着浓浓的游兴,一致要求,再组织第六次校友会,经过热烈辩论最终以民主表决方式决定:2007年在昆明举办,这是李国贤的倡议。

第六次:2007年6月15日～22日,地点:昆明。与会同学有:夏家斌与夫人王辉、邵泽春、刘瑞康与夫人谭惠、周人龙与夫人谷行敏、吴金根、毛钟礼、曹仲与夫人王秀琴、薛鸿选与夫人牛玉娥、李国贤与夫人肖瑞同、我与夫人陆美玲,计同学10人,携夫人7位。另有矿大校友张信南与夫人刘建华,矿大老职工吴琪中与夫人谭风仙,陈铭训、薛鸿选之女薛磊洁和儿媳刘爱琳等共24人。

这次校友会经过一年多的筹备,得到了云南省小龙潭矿务局局长王文忠(露73校友)和昆明翠怡酒店总经理马子强(机75级校友)的鼎力支持。15日晚,酒店设宴为我们这些为祖国煤炭事业奋斗了一生的校友接风洗尘,稍后开了一个预备会,谈了一些注意事项,强调校友们年事已高,务必确保安全。总经理马子强、销售部经理朱强、办公室主任周宇都和大家见了面,并通报已包好一辆45座大巴,委派人事部经理王砚雪和李送生全程陪同,酒店的安排十分周到,大家感到十分满意。值得一提的是,6天的旅程全由马子强敲定。云南是一个旅游大省,自然景观和人文景观都十分丰富,要面面俱到,六天是绝对不够的,考虑到老人居多的特点,首先确定以昆明为中心,其他旅游线,如大理丽江、腾冲芒市、西双版纳均排除在外,即便如此,六天也排得满满的。

16日上午游太和宫、金殿,这里环境优美,空气清新,校友们游兴大发,登楼叩钟,结伴合影,11点才回山门集合。午餐后直奔筇竹寺,观赏了清光绪年间著名的五百罗汉彩塑,出寺后游览民族村,村里有十多个民族的不同风格的村寨,选游了傣族、白族和彝族三个较大的村寨,领略了不少民族风情。

17日先游西山,西山濒临滇池西岸,由碧鸡、汉罗、华亭、太平诸山组成,山形酷似仰卧的妙龄少女,故又称卧佛山和睡美人,尤以东侧悬崖峭壁间凿出的龙门,乃登高远眺滇池全景的最佳地点。校友们乘索道上山,再逐级而下,五百里的滇池在龙门尽收眼底。从西山下来就到以孙髯翁180字长联著称的大观楼,先在大门外品尝云南著名小吃凉米线,大家对特色小吃赞不绝口,入门后每人即得一份附注释的长联供回家品读。初夏的大观楼满塘荷花含苞待放,楼外滇池碧波荡漾,美不胜收。

18日全天游九乡,九乡位于昆明东南90千米的宜良县境内,是国内最大、数量最多的喀斯特溶洞群。马总考虑到洞内坡多湿滑,为确保安全把销售部朱经理、财务部王经理、办公室周主任也领来全程护驾。进入大门先乘电梯下玉荫翠峡乘一段游船，观赏地下河的景观，上岸步入溶洞。洞内果然气象万千，有高悬数丈的瀑布，水声如洪钟；有宽敞达数千平米之天然雄狮大厅；有类似元阳梯田的神田，令人叹为观止。最后攀爬蝙蝠洞，这批年近八旬的老人居然都坚持登上洞顶。一出洞口天光突然开朗，登高远望群峰，逐又乘索道下山并尽情浏览山色美景，可谓心旷神怡。约午后1时许出门，在门外，校友们还争相购买了充满彝族风情的挎包等纪念品，有的还买了九乡光盘，原来当地导游早已把我们一行的神态都录在光盘上了，回到家还可以随时回味九乡的美丽。

离开九乡，马总又在镇上盛情款待我们品尝著名的宜良烤鸭。与北京烤鸭相比各有千秋，但大家从老人的角度鉴赏，宜良烤鸭嫩而不腻，更有滋味一些。午后4时许回到酒店休息，毕竟有包车不仅方便而且旅游的效率也高多了。

6月19日全天游石林。石林位于昆明东南约120千米的石林彝族自治县境内，由大、小石林（乃古石林）、石林湖等景点组成，总面积达350平方千米，分布着众多石峰、石柱，气势拔地而起，直刺青天，千姿百态，鬼斧神工。相传美丽动人的故事“阿诗玛”就发生在这里，平添了不少迷人的色彩。

大巴抵达石林后，即由彝族盛装的导游引入大门，首先映入眼帘的是石林湖，水清见底给人清爽干净的印象。然后进入大石林，石壁上的“石林”二字为“云南王”龙云手书，登上剑锋、望峰亭，遥望石峰如海，后转入小石林，看到了酷似真人的“阿诗玛”，大家都争相拍照留念。校友们还买了彝族马甲、天然属相石等。导游介绍说，在石林，小姑娘都可以叫“阿诗玛”，小伙子都可以叫“阿黑哥”。

出大门午餐后，大巴有意拉我们逛一下“七彩云南”。这是一个巨大的餐饮购物广场，有好几栋大厅，全是云南特产，如名贵药材、翡翠珠宝、土特产、普洱茶等。校友们都各自选购了不少特产。这里是由政府管理的，货真价实，绝不会碰上假货，在曹仲和张信南的倡导和赞助下，又为10位同学买了一份纪念品：鸡枞菌和牛肝菌，使大家深受感动。将近5点才回到酒店。

6月20日游抚仙湖，抚仙湖位于昆明东南60千米的澄江县境内，又称澄江海，南北长30千米，东西宽12千米，面积217平方千米，最深处154米，是云南第一大淡水湖。湖水清澈，水质纯净，能见度可达8米，有“云南北戴河”之称。

抚仙湖游客不多，因近年发现湖下“古滇国”遗址，政府对旅游有所限制。抵湖畔后一边观赏湖光山色，一边寻找游船（原有纵贯南北之大游船已停航），后来租到一艘中型游船，在湖中荡漾了约2小时，湖中心浪很大，小船去不了。上岸后就湖边小镇午餐。不少人还买了当地无污染的藕粉，约3点就回到酒店。

当天下午还增加了一个节目，就是向酒店赠一块画匾，这也是校友曹仲、张信南倡议的，以此代表校友会向酒店表示谢忱，也留下一个纪念。为此特邀校友、上海老年大学书法班的周人龙执笔提款，还举行了一个隆重的赠匾仪式，酒店主要领导都参加了，场面十分感人。

21日游世博园。世博园位于昆明市东北，距市中心仅5千米，是1999年在昆明召开世界园艺博览会留下来的。由于精心经营管理，至今仍繁花似锦，游人如织，据说这里是全球保存最好的一个世博园，园内有5座展馆、6个专题园、34个国内展园和33个外国展园，面积大，内容丰富多彩，为节省校友体力，都乘游览车分段游览，一直到午后1点半才结束。

出了世博园就直奔江川三道菜，这是云南特色，不可不品尝。三道菜意指鸡、鱼、羊肉，其中最引人食欲的是铜锅洋芋焖饭，又香又糯，校友们赞不绝口，都说口齿留香。下午自由活动，让校友轻松逛街购物，校友活动结束。

在这6天的游程中，翠怡酒店可以说是全力以赴，不仅安排王砚雪经理和李医生全程陪同，而且为了让校友们留下美好的记忆，每个景点王经理都为我们拍了合影，当晚就立即冲洗出来，次早就发到校友手中。除了免费的早餐，每天都为校友准备可口的晚餐。此外，曹仲、张信南还热情提供资助，让校友们在四季如春的昆明度过了难忘的一周。这里还要特别感谢毛钟礼同学全程负责财务现金支出工作、李国贤同学全心全意整理云南之旅完整的通讯录。校友们一周来畅叙友情，欢声不断，全都沉浸在和谐欢乐的气氛之中。

此番云南之旅考虑到校友都年近八旬，就未敢安排滇西、滇南，如大理、丽江、腾冲、西双版纳、瑞丽等地，而只限于昆明及周边，略有遗憾。即便如此，校友们依然兴致勃勃，因多数都未来过云南，对这里秀美景色和凉爽宜人的气候，都赞美有加。由于精心策划和周到安排，年近八旬的十大金刚竟然无一摔伤，无一生病，这也算是上苍对我们毕生辛勤工作的眷顾吧。

6月22日是分手的日子。酒店为上午离昆校友免费提供了快餐，为午后离昆的校友招待过桥米线。分手时大家依依惜别，互道珍重，原焦作工学院、中国矿业学院采49级第6次校友会圆满结束。

待校友基本离昆之后，马子强总经理又安排专车送我这个“秘书长”到矿上，因为一是要向王文忠局长道谢和报平安，二是为小谭龙做点工作。作为答谢，王文忠局长招待吃饭后就校友会一事说一句话：“你的胆子够大的。”这算是给校友会的结束语，想想也是有点后怕，真要出个什么意外，就很难设想像了。

# 第六章　退而不休(1999～2014年)

## 偶访普阳

### 重点回顾

访问普阳褐煤矿区虽然带点偶然性,但从访问成果来看,值得回顾的东西依然不少。

首先当推理论联系实际。我与两代露天人合作的专著《露天采矿的理论与实践》是用了足足五年的心血、在韩德馨院士的启蒙下编写成的,由煤炭工业出版社出版。书中首次提出"当量经济合理剥采比"作为露天开采境界圈定依据的新概念。此番来到普阳,恰好用新概念来优化露天开采境界,使普阳矿区发生了翻天覆地的变化,令整个普阳矿区除12剖面以西的一小部分薄煤层有待露天开采全部结束后(约五十年后)用小斜井开采外,其余部分全部可用露天开采,且能保持盈利。这充分显示出理论支持的重大作用,储量增加,服务年限延长,无论是经济效益还是社会效益都是十分可观的。

其次就是专家组三人核心的团结协作,不可或缺。不仅目标一致,而且相互配合协调,致使许多难题都迎刃而解,这也是很重要的。

再次就是普阳矿区的积极配合。就拿次帮境界来说,矿上组织了专门的队伍补充地形剖面,为圈定境界提供基础,工作量相当大,为北帮高大边坡提供了算量的基础。

边坡稳定计算是一项比较复杂的工作。汪梅生发挥了他的数学天赋,计算出了各个剖面的稳定系数,使边坡决策更具科学性。

负责缩放图纸的刘朝慧花了很大的精力把矿区的军用地图放大到可用的程度,最后的成果由电脑印出,提高了研究报告的质量。

普阳露天生产现场、文山煤业公司总部、普阳董事会还有公司的各级领导,这几个方面能为研究报告协同一致,有赖高工刘培田的组织协调。刘培田在这方面确有一定天赋,经验也比较丰富,表现相当出色,功不可没。

普阳褐煤矿区位于云南文山州富宁县境内,毗邻越南和广西。普阳对我这个老云南来说比较陌生,是由于煤田勘探与开发都比较晚,都是 20 世纪 80 年代的事,那时我早已离开云南返回母校重任教师了。说是偶访也确实是带点偶然性,那时(2007 年 6 月)刘培田和汪梅生两位校友正在小龙潭矿务局帮他们编制四期扩建工程的验收报告,他们在小龙潭已经待了好几个月了。而我是刚办完“校友会”赶到小龙潭,小龙潭矿务局历来很重视我的意见,这次又召集了十几位主要负责人在局机关开会听取我的意见。我对此很受感动、也很认真,这次给他们提了两条建议,一是把主干提升胶带向东平移 150 米,以躲过滑坡频发地段;二是在江边筑堤以防止对边坡的冲刷。事后我才得知,矿上完全接受我的建议并认真实施,足见局里对技术方面的重视。

我到小龙潭,刘培田和汪梅生当然都很高兴,由于他们的工作已近尾声,刘培田就提议我去文山看看。我本准备回昆明的,对刘的建议我也来了兴致,从小龙潭到文山也就一百多千米,很方便,矿上立即同意派车送我们去文山。

2007 年 6 月 27 日中午我们就到了文山,而汪梅生就留在小龙潭收尾。文山州煤业公司就设在文山,听了矿方的简单介绍,29 日驱车赴普阳。普阳矿区位于富宁县东部,距文山约 280 千米,途径西畴县,全是山路但路况不错,因为是国防公路,专门维修过。

**【普阳简况】**

普阳矿区是一个美丽的小山沟,位于滇东南边疆一隅,属富宁县木央镇所辖普阳村,呈北西向长条形的山间盆地。普阳河源于北部溶洞,是一条地下河,流出地表后在 9 剖面附近形成普阳河,注入矿区西南的南利河,最后流入红河水系支流的泸江。

矿区地形是北帮山大坡陡,南帮山势较平缓,呈丘陵状,这个坝子下面全是煤,而煤质优良,似不亚于小龙潭,又处于非常缺煤的文山州,市场前景广阔。我们在矿区整整跑了两天,又查阅了地质资料,心中已有重大发现,即原来划定的露天开采范围偏小,而像这样的巨厚煤层用矿井开采损失资源又太多,必须从优化露天开采境界入手,全面解决普阳矿区的开发问题。同刘培田商量后决定先回文山,向公司建议立项专题研究。7 月 2 日回到文山立即向董事长胡崇良提出,胡当即表示同意立项,项目名称:普阳矿区露天开采境界优化。

此刻,汪梅生赶来汇合,他的任务很重,就是确定北帮高大边坡的稳定问题,同时,配合刘培田核实储量及剥离量。

在公司的全力支持下,我们三个人苦干了四个半月,终于完成了研究报告,总体结果是矿区除 12 剖面以西部分煤层变薄不适合于露天开采外,其余均可划为露天开采,我们为此提供了有理论的技术支持。想不到偶仿普阳竟然结出了这个大硕果。

经济合理剥采比:确定露天开采境界是依据矿山的经济合理剥采比$n_j$。$n_j$由下面的公式算出:

公式分子:每吨煤的市场售价(元/吨)－露天矿的纯采矿成本(元/吨)

公式分母:露天矿的剥离单价(元/立方米)

$$n_j = \frac{\text{每吨煤的市场售价(元 / 吨)} - \text{露天矿的纯采矿成本(元 / 吨)}}{\text{露天矿的剥离量单价(元 / 立方米)}}$$

公式中,煤的售价为 264.5 元/吨,纯采煤成本 96.7 元/吨,剥离单价 14.3 元/立方米。代入后得

$$n_j = \frac{264.5 - 96.7}{14.3} = 11.73\text{(立方米 / 吨)}$$

这个公式的物理意义就是,市场每吨煤的售价高于露天开采纯采矿成本的大部分可以承受多大剥离量。在这里,普阳露天矿的吨煤市场价格为 264.5 元(这是 2007 年上半年的平均煤价),传统意义上讲,只要分推到每吨煤的剥离量不超过 11.73 立方米/吨,露天矿就是盈利的,如果实际生产中推到每吨煤额剥离量越少,露天矿盈利就越多;反之,如果分摊到每吨煤的剥离量超过 11.73 立方米/吨,露天矿就将发生亏损。

【当量经济合理剥采比$n_j$】

这是 2005 年出版的《露天采矿优化理论与实践》中的研究成果,其核心内容为:矿床露天开采的深部境界以井工开采成本作为约束条件,即当矿床的某一部分露天开采成本等于井工开采成本时,则该部分矿床可划归露天开采,该部分矿床之外则应规划井工开采。这一原则等于要求所圈定的露天开采境界内的露天矿必须盈利。这是多年来一直沿用的原则,根本就没有考虑到露天开采优于井工开采的诸多优势。

综合分析,露天开采除了对环境和生态的破坏大于井工、作业受气候影响较大外,其余方面均优于井工开采,这里强调回采率和安全性两个方面。

先说回采率。煤炭属于不可再生资源,目前井工开采的回采率都不高。据统计,国有重点煤矿的回采率约 50%～60%,地方煤矿约 25%～30%,小煤窑的回采率不足 10%,而露天矿的回采可达 95%左右,超过井工 1～3 倍,相当可观。可以说,如果一座井田既适合露天开采又适合井工开采的话,那么,用露天开采就可以多采 1～3 倍的资源,在同等规模条件下,该井田的服务年限可以延长 1～3 倍,或者说开发该煤田的单位资源投资可以节省 1/2～3/4。

所以,我们在 $n_j$ 的计算中,应该引入一个大于 1 的"超采率系数"。显然,超采率系数与矿物品种、品味或质量以及与市场条件有关,矿物品种稀缺、矿石品位或质量越高,超采率系数也应该越大。

再说安全性。露天开采的安全性大得多,包括人身安全与生产安全。所以,在 $n_j$ 的计算中应该引入一个大于 1 的"安全优越系数"。一般说来,矿井开采条件越恶劣越困难,例如,煤层和围岩松软,井巷难以维护,顶板难以控制,井下涌水量过大且有突水危险,瓦斯煤尘突出危险,煤层过厚不易分层,等等。这些都会加强矿井开采的危险性,因而安全优越系数也应相应强大。从我国煤矿百万吨死亡率对比看,安全优越系数应在 1

～1.3之间。

从这里我们就提出了一个全新的概念:当量系数,即超采率系数与安全优越系数之积:

当量系数=超采率系数×安全优越系数

根据普阳矿区的具体条件,我们粗略确定当量系数为:

当量系数=1.4×1.1=1.54

于是当量经济合理剥采比为:

$$n_{当} = 1.54 \times 11.73 = 18.06(立方米/吨)$$

这个公式的物理意义为:矿区内平均生产剥采比小于11.73立方米/吨时,这部分储量应划归露天开采,而且露天矿应该是盈利的;当平均生产剥采比按普阳煤矿2007年上半年的平均煤价为264.5元/吨计算,总产值净增111亿元。从各方面分析,普阳煤价还有上涨的空间,其总产值也将进一步强大。期间直接经济效益为1 263亿元。

社会效益也十分可观。首先就是避开了井工开采的难题,普阳煤田若用井工开采,巨厚煤层的采煤方法就是第一道难关,矿区煤层的倾角较陡,为20°～25°,这是最难开采的角度,层厚0.12～52.36米。唯有用水砂充填采煤法才能达到较高的回采率(仍远远低于露天开采的回采率95%)。抚顺是利用自然过后的油母页岩破碎后作充填材料,普阳没有这个条件。如果采用人工假顶,回采率将显著降低。

井工开采第二道难关就是煤层巷道的维护问题,普阳矿区主采煤层的顶底板分别是泥灰岩和黏土岩,岩化程度很低,干燥状态下还能用单斗挖掘机,但遇水浸泡后就会泥化,变得稀软,造成煤巷极难维护,这已为许多软岩矿井所证实。剥采比大于11.73立方米/吨但小于18.06立方米/吨,这部分储量也应划归露天开采,而此阶段露天矿是亏损的。但是如果按传统的原则,将这部分储量化为井工开采的话,由于井工开采成本较高,矿区的亏损将大幅度增加,这还是次要的,关键是资源浪费了,这可是在极度缺煤的文山州,其影响极大,这可是不可再生的宝贵资源呵!所以,我们主张用当量经济合理剥采比的原则,将这部分储量划归露天开采,矿区虽然亏损了,但充分利用了宝贵的资源,无论从直接效益还是间接效益,都是非常可观的。至于西井田12剖面以西的少量储量确因煤层过薄,剥采比超过当量经济合理剥采比18.00立方米/吨,理应划归井工开采,那也是在西井田采完之后的事了。

境界优化后的效益。按全新的理论圈定露天开采境界后,普阳矿区全部改为露天开采,可采储量从原总体规划的3 864万吨增加到8 075万吨,净增4 211万吨。

井工开采的另一个难题就是投资,粗略估计至少需要1.5亿～2.0亿元的投资。由于井工开采的成本大体是露天开采的2～3倍,投资回报期将大大延长。

全部改为露天开采后避开了诸多井工开采的难题,矿区生产的安全形势也大为改善,在岗作业的工人也安心生产,不必为井工开采发愁了。当然,这里不是否定井工开采,而是在可以预见的将来至少 50 年左右不会开矿井。以后在最西端也可能会建起小斜井，开采极薄煤层。

经过对各个剖面的测算，对于储量的划分有了分析，那就是除了 2 剖面的境界剥采比 18.81 立方米/吨略超当量经济合理剥采比外，其他剖面的境界剥采比都远远低于 18.06 立方米/吨。这就是说，如果我们采取了科学的方法圈定境界，所有的储量除了 12 剖面以西的少量煤层外，均可用露天开采，且都能盈利，这就意味着普阳矿区的储量只有两部分，一部分可用露天开采且都能盈利，极少部分 50 年后改用矿井开采。

【边坡稳定】

普阳露天的北帮是高大边坡，有将近 1 千米走向的北帮边坡高达 300 米以上，要避免出现高大边坡就势必压煤，而且这正是东井田又好又厚(20 米以上)的煤层。这是回避不了的两难抉择。研究报告基于文山州严重缺煤的现实，采取了有一定风险的不压煤的高大边坡方案。

高大边坡方案确实存在一定的风险，但绝不是冒险。许多矿山的生产实践证明，边坡角越小，并不意味着越稳定；边坡高度越低，也并不意味着边坡越稳定。在生产过程中，对边坡的管理和监控十分重要。

为了降低高大边坡的风险，报告拟定了北帮边坡的七项措施：

① 所有到界台阶的边坡一律采用“预裂爆破”，尽量保持边坡岩层的完整，避免因爆破而增加原生岩层的破碎性。

② 发现台阶最终边坡原生裂隙较发育时，应及时果断地采用锚杆喷浆或围网加固，防止原生裂隙的进一步发展。

③ 生产过程中，当北帮地面到界后，应在工程安排上尽量保持北帮的工作帮边坡角(13°)，以推迟高大边坡的形成。高大边坡形成越晚，越有利于北帮的边坡稳定。

④ 尽量缩短北帮高大边坡的暴露时间，力争与内排紧密衔接。密切关注雨季在高大边坡下的作业(3～5 剖面)，防止滑坡造成人员和设备的损害。

⑤ 北帮境外截水沟要精心设计与施工，不仅要确保境界外的水不流入采场，而且要严防渗漏，以防影响边坡安全。暴雨设计频率为 $P=2\%$(50 年一遇)。

⑥ 重视并加强采场内的疏干和排水工程，禁止在 3～5 剖面设导水沟，保持北帮台阶干燥无水，疏干措施要到位，雨季排水要强化。

⑦ 及时设置北帮自动记录和报警的边坡岩层位移监测站，实时对北帮进行监控和记录。监测站主要设在 3～5 剖面之北帮。整个边坡工程要设专人管理。

为了对北帮高大边坡的稳定性和风险有比较深入的认识，研究报告的专家们专门进行详细的计算。结果表明北帮在 56.4°条件下基本上是稳定的，反算的 $C$ 值远小于 18.60 千克力/平方厘米。可见，报告中提出的七项措施属于预防性的。应该强调，边坡范围内的岩性和地下水存在诸多不可预见的因素,普阳煤矿应十分重视,设置应急预案,不可掉以轻心。

分析起来北帮边坡的风险主要有三类:一是北帮滑坡压在采煤台阶上,应该及时清理,短时的生产剥采比将增大,同时应查明滑坡原因和源头,采取必要措施,防止滑坡再次发生。二是北帮滑坡压在剥离台阶上,应先查明滑坡原因和源头,如不影响深部采煤,可暂不处理,待查明滑坡原因,再做处理。三是滑坡砸铲伤人,这是北帮滑坡造成的最严重的事故,多发生在雨季夜间。因此,雨季应减少高大边坡深部作业。实践证明,设置了能自动报警的岩层位移监测站后,能有效避免此类事故的发生。

【境界圈定】

由于采用当量经济合理剥采比,露天矿的境界就要重新圈定。普阳煤矿十分支持,组织了专门的队伍实地测量地形和煤层,把原来的剖面普遍加长,然后交给专家组计算,工作量相当大。

以普阳河不改道为原则,东矿的可采煤量为4 678.66万吨,内外剥离量为13 926.07万立方米,平均剥采比2.98立方米/吨。西矿的可采煤量为3 396.76万吨,内外剥离量为25 631.3万立方米,平均剥采比为7.55立方米/吨。全矿区可采煤量为8 075.42万吨,内外剥离量为39 557.37万立方米,平均剥采比为4.89立方米/吨。起算时间为2006年底。

【排土问题】

露天开采的主要缺点就是占地多,采场当然要占地,剥离土岩的排弃也要占地。但是在云南山区,采场占地往往是把耕地变成湖泊,有利于调节气候,有利于发展水产业,有利于消减河流洪峰。采场的占地是暂时的,何况露天开采增加了可采煤量,这对文山湖的影响是无论怎样评价都不为过的。

露天开采剥离的土岩要排弃,也要占地。在云南山区,排土场占用的是荒山野岭,按生态要求排土后就会成为新的耕地。严格地说,这不叫占地,而是改造荒山变良田,这也是造福于民的好事。

话说回来,要建排土场,就要先征地。现在的土地政策是先征后用,价钱要商量着来。事实上,矿区征地十分艰难,当地居民明知要征地排土,就是不同意或哄抬地价,刁难煤矿,当地政府的土地管理部门也多站在居民一边,矿区有苦难言。

选择外部排土场首先不能离采场太远,因为汽车运输成本很高,一般说来,当然是越近越好,最远也就2 500米,而且要有足够的容量。现在使用的一号排土场就离采场较近,已排弃了1 240万立方米,若抬高排土平台,可扩容至8 070.9立方米。但在充分利用排土场的同时,还应注意疏干排水和基底稳定问题。另一处外排土场是木非菁排土场。这里距矿区2 500千米,是木非河下游谷地,南北长2 000米,东西宽也是2 000米,排高为1 100米,排土容量为2.68亿立方米,尚有扩展余地,并可与一号排土场连通。

内排土场。普阳露天采取的是分区开采，首先开采东井田，当采至600米水平时，即可从东向西内部排土。为了确保采场的安全，内排的坡脚距采场坡脚应保持100米以上的安全距离。据计算，内排土场从550米到850米，可排土6 605万立方米。

内排土场加上两座外排土场，总排土容量为4.24亿立方米，基本上可以满足露天开采境界扩大后剥离量增大的需要。内排是可扩的，也是必要的。内排的最大好处是运距近，多为近水平运输，生产成本低，而且可以及时覆盖暴露的煤层面，防止煤层自燃。

关于普阳河改道方案在此就不详述了。[①]

## 治理先锋边坡

先锋煤业公司治理边坡也有一定的偶然性。先锋公司委托中国有色金属工业昆明勘察设计研究院，对该矿北帮滑坡进行岩土工程勘察，目的是进一步查明北邦的岩层性质及水质特性，为今后治理奠定基础。2009年3月，该院拟定了一个详细勘查技术方案，7月初，先锋组织专家对上述方案研讨时，邀我参加，并组织赴现场勘查，目睹了北邦滑坡的严酷现状，着实令我吃惊，激起了我探索的愿望。在先锋公司和设计院的帮助下，我用两个多月的时间完成了北邦滑坡治理的思路与建设报告。治理的思路可以说是神来之笔，在现场看到了北邦滑坡成了一堆烂泥，分不清透水层和隔水层，即使在旱季滑坡体也在蠕动，从上往下打孔疏干已不可行。我反复研读地质报告，获得了一个重要特点，就是煤层底板下部的震旦系灯影灰岩共四个分层，地下水位基本一致，这个特点表明，如果从上往下钻孔行不通，那么就改为从下往上钻孔。凡打的钻孔，丝毫不会遭到滑坡体蠕动的破坏，而灯影灰岩四个分层地下水位基本一致，又提强了反打钻控的疏干效果。总之，从下往上钻孔是可行的，剩下来的问题就是在地表打一对斜井，打到灯影灰岩适当标度。再建一套水仓、泵房和疏干平巷，就为反打钻孔提供条件了。这一思路得到先锋公司和设计院的赞同，并在他们的支持下估算费用约3 100万元，这对先锋公司来说负担不大。这套定向疏干方案，付诸实施后，基本上可以彻底消除北邦滑坡的危害，北邦边坡角度还可能适当加大，以减少扩帮剥离量。此外，井巷施工过程中排出的石渣，可以作为石料用于修建道路，疏干排出的地下水如净化合格，还可以作为饮用水供应市场。完成报告之后，我认真地回顾整个过程，有两点体会特别深刻：一是要正视地质报告的描述和论断，我从地质报告中抓住了两个特点：封孔质量不变，致使多层互相串通，隔水层已失去隔水的功能；灯影灰岩的四个分层富水性虽有差异，但地下水位基本保持一致。正是认识到这两个特点：我才发现有从煤层底板疏干的可能。二是一定要去现场查勘，两次观察滑坡体让我意识到，北邦层位错乱和从上往下钻孔的不可行。设计院的同志也很受鼓舞，都说我已七八十高龄思维却如此敏捷，十分难得。

① 普阳露天煤矿，原为分村办矿，经过五次改扩建，如今已具90万吨/年的设计生产能力。

经过反思，我更感到打基础的重要性，我在读本科期间，光是地质类的课程，多达六门(晶体学、矿物学、岩石学、地史、普通地质、煤田地质)，当时觉得很正常，后来发现阅读地质报告，以及到现场踏勘和查阅资料的时候，似乎有如神助，这就是基础厚实的作用。①

① 先锋露天矿非工作帮滑坡治理主要是疏干地下水，最后矿方并未采用打斜井疏干方式，而是采取钻孔(垂直)以潜水泵抽水进行疏干。

# 谈谈文化

孔子曰(礼记)大道之行也,天下为公。选贤与能,讲信修睦。故人不独亲其亲,不独子其子,使老有所终,壮有所用,幼有所长,鳏、寡、孤、独废疾者皆有所养,男有分,女有归。货恶其弃于地也,不必藏于己;力恶其不出于身也,不必为己。是故谋闭而不兴,盗窃乱贼而不作,故外户而不闭,是谓大同。

今大道既隐,天下为家,各亲其亲,各子其子,货力为己。大人世及以为礼,城郭汤池以为固,礼义以为纪,以正君臣,以笃父子,以睦兄弟,以和夫妇,以设制度,以立田里,以贤勇智,以功为己。故谋用是作,而兵由此起;禹、汤、文、武、成王、周公由此其选也。此六君子者,未有不谨于礼者也。以著其义,以考其信,著有过,刑仁讲让,示民有常;如有不由此者,在势者去,众以为殃。是谓小康。

2011 年 10 月 15 日～18 日,中共十七届二中全会通过了《中共中央关于深化文化体制改革、推动社会主义文化大发展大繁荣若干重大问题的决定》。建设社会主义文化强国,就是要着力推动社会主义先进文化更加深入人心,推动社会主义精神文明和物质文明全面发展,不断开创全民族文化创造活力持续迸发,社会文化生活更加丰富多彩,人民基本文化权益得到更好保障,人民思想道德素质和科学文化素质全面提高的新局面,建设中华民族共有精神家园,为人类文明进步做出更大贡献。

## 一、什么是文化?

文化之意是"人化"或"人类化",是人类主体通过社会实践活动,适应、利用、改造自然界客体而逐步实现自身价值观念的过程。简言之,凡超越本能的,人类有意识地作用于自然界和社会的一切活动及其结果,都属于"文化",或者说"自然的人化"就是"文化"。

那么,为什么我们现在要研究"文化"呢?"文化"和我们的生产、生活有什么关系呢?

## 二、世界文化现状

就世界文化发展的步骤来说,主要有三个方面:第一,经济方面,从农业化,再到工业化到信息化;第二,政治方面,从神权政治到君主政治,再到民权政治,简单地说就是从专治到民主;第三,思维方面,从神学思维到玄学思维,再到科学思维。世界各处发展有先后,殊途而同归,这就是历史发展的轨道。

人类社会有共同的一般规律,各个地区又有各自的发展特色,但特色不能否定一般规律。人类文化就平面分布和水平移动来说,有四种传统文化:东亚文化;南亚文化;西亚文化;西欧文化,前三种可以合称东方文化。从发展趋势看,还有地区文化之外不分地区的共同文化,叫“伙计现代文化”,这是世界各国“共创、共有、共享”的共同文化,现正突飞猛进,覆盖全球。目前,每个国家都生活在传统文化和国际现代文化并存的“双文化”时代。

任何民族或国家,其文化形态尽管纷繁多彩,但总可以寻觅到这个民族文化的主色调、主旋律。唯有如此,才有英国人的绅士风度说,德国人的精确高效率说,美国人的自由开放说,日本人的善采异邦说,等等。我们之所以能从芸芸众生中大致归纳出各民族的特征,是因为各民族内部固然存在着差别,但也存在着表现于共同文化上的共同心理素质,这就是所谓的“民族精神”。

中国同样处于“双文化”时代中,但由于历史原因,传统文化已处于严重危机之中。

### 三、华夏文化的发展简况

中国文化历史悠久,是中华民族在东亚大陆所创造的文化。中国是我们民族的摇篮,中华民族是现今中国境内由华夏族发展而来的汉族和55个少数民族的总称,故其文化又称华夏文化。“中华”之名,由来已久,“中”意居四方之中;“华”意光辉、文采、精粹,用于族名,含文化发达之意。

中国文化是中华民族对人类的伟大贡献:独具特色的语言文字,浩如烟海的文化典籍,嘉惠世界的科技工艺,精彩纷呈的文化艺术,充满智慧的哲学宗教,完备深刻的道德伦理,共同构成了中国文化的基本内容。

这些传统文化是我们先辈一代一代传承下来的丰厚遗产。下面我就以儒学为主线大致分析一下中国传统文化的发展历程。

先秦百家争鸣,春秋战国时期有学者189家,学派有儒、道、墨、名、法、阴阳、纵横、农、杂等。诸说并起,相互争鸣。儒学是百家之一,奠定人是孔子,他创立了以“仁”为中心思想、以“礼”为行为准则的务实学说。孟子发扬了儒学,他认为人心向善,都有恻隐、羞恶、辞让、是非之心,故儒学又称“孔孟之学”。

汉代董仲舒罢黜百家独尊儒术。儒家吸收了各家学说中的有用成分,丰富了儒学的内容,使农业和手工业稳步发展。但董仲舒把玄虚的阴阳五行(金木水火土)引进了儒学,提出“天人合一,阴阳贯通”的宇宙观,把人际关系归纳为三纲(君臣、父子、夫妇)和五常(仁义礼智信),使儒学教条和玄虚化。

宋元明清是一个政权高压汉族受难的时代。汉族在元代是三等奴隶(元代分等级"一官二吏,三僧四道,五匠六工,七猎八娼,九儒十丐",儒生仅排在娼妓之后)。汉族在清朝是二等奴才。明代虽由汉人统治,但朱元璋和秦始皇一样残暴。

宋明理学是儒学受佛教影响后的变体,虽然挂着儒学的招牌,而哲学思维都有浓厚的佛道色彩,使儒学完全失去了固有的朝气,变得理论空洞、行为消极,离孔孟之道的务实精神越来越远,结果脱离群众。清代大兴文字狱,儒生们只好钻进故纸堆,丧失了促进社会发展的作用,华夏文化盛极而衰。

要说明的是,儒学的历史任务是维护帝王政权,建设稳定而繁荣的封建社会,在两千年中做出了伟大的成绩。责备儒学不能为民主和科学服务,不符合历史的观点,这好比责备孔夫子不懂英语。

**四、当前危机**

改革开放以来,我国的经济有了长足的发展,已成为仅次于美国的世界第二大经济体。但是,发展中暴露出不少社会问题,如贫富差距过大、通货膨胀、官员贪腐,而最令人担忧的莫过于文化的危机。

在当前的"双文化"时代中,我们的传统文化正日趋衰落,处于传统文化核心的儒学历经宋元明清的压制,本来已是了无生气,新中国成立以后,在"批林批孔"、"评法批儒"运动中,儒学遭到了全盘否定。中华文化的许多瑰宝都遭到了灭顶之灾。老祖宗的东西都不要了,请问,你拿什么去和国际现代文化交流、融合?

随着经济的发展,中国的产品已行销全球,我们自己也以"世界工厂"自居,以"中国制造"自豪。中国这个世界工厂,向全球许多国家送去了物美价廉的产品,换回了花花绿绿的美金。可是,我们付出了大量的能源和各种资源,付出了大量的劳动力,甚至付出了"环境恶化"的沉重代价。长此以往,当我们无法从国外获取能源的时候,当我们的不可再生资源逐渐枯竭的时候,当我们的生态环境遭到严重破坏、不再适合人居住的时候,我们换回来的花花绿绿的美金再多,又有什么用呢?到那个时候,我们自己已是气息奄奄,还用得着别人用"战争"来消灭你吗?

这就是"世界工厂"的前景,这里还不包括别人对你发动的"货币战争"、"贸易战争"以及南海争端之类的"冷战",也不包括在能源和技术上卡你脖子的撒手锏。但如果从产业链上分析,"产品制造"只是产业链中的一环,而且往往是利润最小的一环。在产业链中,"产品制造"为1,另外还有6个环节:"产品设计"、"原料采购"、"仓储运输"、"订单处理"、"批发经营"和"零售",1+6=产业链。以玩具芭比娃娃为例,玩具厂的出厂价为1元,在沃尔玛超市的零售价为9.99元,这就是说,1件芭比娃娃的"产品制造"为1元,其他六个环节为8.99元,1件芭比娃娃的原材料为0.65元,加工费为0.25元,厂家利润仅0.1元,大头全让别人拿去了，这里还没有计算“制造”过程中损耗的费用。再以笔记本电脑为例，中国年出口1.47亿台(2007年)，每台在美售价1 200美元，而在中国的制造厂家只拿到每台35美元的加工费(2.9%)，原因很简单，核心技术不在我们手里，知识产权在别人手里。从这里我们看到了我们的教育危机。除了涉及国防和航天等领域之外，我们在工业上、农业上、生物工程上有多少核心技术，有多少专利?

另外一个不可忽视的现实是诚信缺失，道德沦丧。“瘦肉精”、“牛肉膏”、“三聚氰胺”、“地沟油”、“毒大米”、“毒奶粉”，只要有利可图，什么都敢干。试问，现在又有多少家企业是讲“诚信”的? 我们今天还敢吃什么?

信任与道德是和谐社会的脊梁。当人们彼此的信任度越高，管理就越少，彼此方便，成本自然下降，工作也越愉快。

如果现在再不把道德重建视为刻不容缓的第一要务，任何“顶层设计”都将失败。中国的最大问题还是制度太繁，明暗规则太多。同治中兴主谋冯桂芬曾言:“夫例何以设? 曰:为治天下也。例之大纲，尚不失治天下之综肯。至于条目，愈勘愈细，其始若离若何，其继则风马牛不相及，其终则郑声澹语，不知所云，遂与总旨大相背谬，偶一道破，无不哑然失笑者。”

两千多年前，古希腊大哲学家亚里士多德就已经对“钱学森之问”做了回答。他认为文化思想的创造需要三个基本条件:一是天才人物对学问的真兴趣;二是充分的思想自由;三是充足的闲暇(时间之保障)，这三个条件缺一不可。如果一个时代出现这三个因素重合的条件，则将成为人才辈出、群星灿烂的局面。

北大生命科学院院长饶毅举过两个“成才”的例子。一个是华罗庚，他数学方面的成就是杰出的，可是他什么文凭都没有，是有人慧眼识英才(熊庆来)力排众议，聘他为清华大学教授。另一位是遗传学之父——孟德尔，他和英国的克里克是生物科学领域的两座高峰。孟德尔建立了遗传学，为生物学奠定了基础。孟德尔家贫，被送去修道院，可他不会传教，院长就让他去学院进修，以便教书，但始终没有考上教师执照，当了几年无照教师，他竟向修道院要求为他的实验室建一座暖房。院长耐普竟同意了，孟德尔就在真正的伯乐— 耐普院长的鼎力支持下，完成了他的实验。在他去世几十年后，才成为世人所公认为“遗传学之父”。

## 五、危机中的选择

### 1. 加强教育改革

美国在世界上称雄数十年，科学教育发达是重要因素之一。美国有四年制大学1 400余所，另两年制学院900余所，美国堪称是“世界大学”。大家公认，科学成果超过全世界的25%的国家就是科学中心。文艺复兴以来，科学中心不断转移。16世纪在意大利(1540～

1610年)，17世纪在英国(1660～1730年)，18世纪在法国(1779～1830年)，19世纪在德国(1870～1920年)，20世纪在美国(1920年～至今)。社会科学高峰转移到了美国，政治学、法律学、经济学、教育学、社会学及其他社会科学，是使社会健全发展的必要知识。社会发展不健全，自然科学也难于发展。学术自由、科学平等是美国发展教育的基本原则，“世界大学”是美国潜移默化改造世界的远大政策。

大学是出思想出人才的地方，是国家、民族的最高文化标志，是众望所归的“精神家园”。在现代，一个国家的大学应该成为最高最大的精神产品产地，也只有首先成为这样的产地，才能称得上是国家的“人才库”和“思想库”。中国大学最缺的是“精神空间”，从师生来说，是探求真理，钻研科学的最大限度的自由。改革开放以来，大学的教学大楼一幢幢拔地而起，办学规模越来越大，财政投入也日渐增强，而“大师”却不见踪影，大学的精神日见萎缩，创新的意识和能力下降。

再从校训上看中外大学的不同：

“剑桥”：求知学习的理想之地——剑桥大学。

让真理与你为友，与柏拉图为友，与亚里士多德为友，更要与真理为友——哈佛大学。

真理与光明——耶鲁大学。

既学会动脑，也学会动手——麻省理工学院。

愿学术自由之风劲吹——斯坦福大学。

毫无特性的学习将一事无成——宾夕法尼亚大学。

职责、荣誉、国家——西点军校。

繁星纵变，智慧永恒——悉尼大学。

以人为本，与时俱进——新南威尔士大学。

2. 努力吸取“国际现代文化”

改革开放以来，改变了以往对西方文化一概排斥的政策，采取“拿来主义”，为我所用。比如加入WTO，搞市场经济，摒弃阶级斗争，通过了物权法承认私有财产的合法性，等等。已逐渐融入国际社会。

3. 重振传统文化

全盘吸收“国际现代文化”，作为一个大国，这是不可能的，必须要与自身的传统文化相融合，才能体现“双文化”，既有共性，又有个性。

中国的传统文化源远流长，诸子百家，如何选择？

老子的影响仅次于孔子，老子的重大贡献就是他的愚民哲学，请听他说：“虚其心，实其腹；弱其志，强其骨；常使民无知无欲，使夫智者不敢为也”；“民多智慧，而邪事滋起”；“智慧出，有大伪”；“民之难治，以其智多”；“古之善为道者，非以明民，将以愚之气”。

法家代表韩非子也说：“夫民智之不足用亦明矣，故举世而求贤者，为政而期适民，皆乱之端，未可与为治也”；“明主之国无书简之义，以法为教；无先王之语，以吏为师。”

说得多么直率！知识越多越反动，原来古已有之。归结诸子，可以说，法家残暴，道家虚无，墨家偏激，儒家中庸。不是说儒法斗争吗？儒家也需要法律，儒家和法家的区别在于，儒家以法律辅助仁政，而法家是用法律施行暴政。

儒学在历史发展的长河中始终进行三大斗争：

(1) 反暴力斗争。孟子见梁襄王，问天下恶乎定？孟子曰：“定于一。”问：“孰能一之？”孟子曰：“不嗜杀人者能一之。”问：“孰能与之？”孟子曰：“天下莫不与也。”秦始皇以武力得天下，又以武力治天下，二世而亡。汉高祖以武力得天下，而以文功治天下。于是，大家明白，马上得天下，不能马上治天下。历史正在摆脱暴力轮回，实现儒家的反暴力原理。

(2) 反愚昧斗争。儒家重视知识，努力教育，为华夏文化培植根基；道家和法家否定知识，提倡愚民，限制教育，以吏为师。

(3) 反神秘斗争。儒学没有天堂，没有彼岸，接近无神论。“子不语怪力乱神”，既反对宗教迷信，又反对教条迷信，学术必须非神秘化，真理欢迎批评与怀疑。

这三大斗争在今天仍有现实意义。然而，儒学是为封建社会服务的，我们要复兴华夏文化，不是文化复古，而是文化更新；不是以传统文化代替现代文化，而是以传统文化辅助现代文化。根据现代的需要，用科学的方法，学习和实践前人的有益教诲，儒学中存有许多至理名言，有着普遍和久远的意义，是诸子百家中最适于现代教化的一家。这就是选择儒家来现代化，以振兴中华文化的原因。

## 六、儒学的现代化

为封建社会服务了两千五百年的儒学，要想转化成为现代文化并同国际现代文化接轨、融合，这是一台脱胎换骨的“大手术”。只有清算过去，才能开创未来。注意“清算”不是“破坏”，而是“清理”、“鉴别”。

儒学现代化的原则应该是：

(1) 除去封建性，建立现代性；

(2) 除去保守性，建立创造性；

(3) 除去玄虚性，建立实用性。

总之，要批评地继承。按周有光老先生的意见，分三类：① 对现代有指导意义的，从之；② 原理对，具体不对，改之；③ 不合现代要求的，弃之。

胡适早在1919年出版的《中国哲学史大纲》中就提出用西方科学的观点和方法研究中国的传统学术，批判封建专制，提倡学术自由，反对“言必称孔孟”，主张用科学和平等的态度评价儒学和其他学派。儒学开始走上现代化的道路。

然而，北大哲学系《论语批注》中说，孔丘创立儒家学派，不仅是一个反动的思想流派，主要还是一个反动的政治集团;孔丘开坛设教,广招弟子,大肆宣扬他那套反动说教,拼凑反革命队伍。郭沫若主编《中国史稿》中说:法家革命,儒家反革命;孔丘是反动的教育家;《论语》集中表现孔丘顽固复古的反动立场,成为一切反动阶级用以压迫和欺骗人民的精神武器。”

这是一声阶级斗争的警钟,惊醒了休克状态的儒学。2007年央视百家讲坛宣讲“孔子”爆出视听热潮的“于丹”现象。这是怎么回事?“文化大革命”末期“批林批孔”污蔑孔子,却未能撼动儒学,面对无理攻击,泰然处之,听到合理批评,欣然反省。真金不怕火,烧去杂质,更加真纯,扬弃糟糠,方显精华。孔子从容不迫,走出孔庙,步入现代社会,跟德先生(民主)和赛先生(科学)握手。儒学必将发展成为现代儒学。

近年,中国在海外设立了数百所“孔子学院”传播汉语和华夏文化,学院取名先师孔子。“于丹现象”不是偶然的、孤立的现象,而是广大群众的文化觉醒。思想的催眠和逻辑的诡辩,再也不能继续下去了。中国民众心灵的起飞是中国的文艺复兴,有重大的历史意义。

## 七、结语

我们应该做些什么呢?

首先,我们要行动起来,不能再空喊口号了,要努力传承中华民族的传统美德。如仁义礼智信,温良恭俭让;父慈子孝,兄友弟恭;己所不欲,勿施于人;滴水之恩,当涌泉相报。报父母养育之恩,报长辈提携之恩,报朋友知遇之恩,报祖国培养之恩。

其次,要特别强调,必须人人动手,把过去许多颠倒了的文化观念再颠倒过来。比如,把残暴的法家吹捧成是革命的;把真理面前人人平等污蔑成修正主义;把老祖宗传下来的珍贵典籍污蔑为封建黑货,甚至烧掉;把西方的科学成果污蔑为资本主义黑货,予以封杀。把封建的血统论却奉为至宝,当作阶级论加以颂扬;把家长制、一言堂当作组织纪律予以贯彻,等等。

再次,就是加强对孩子的引导,鼓励他们读点儒学的书,务要使孩子们成为知书达理的人。

# 为了母校所在地的一方热土[①]

## 入盟改变了人生历程

1979年，我从云南调回四川矿院后，行李尚未打开，就投入了露76级毕业设计指导工作，同时向支部提出了入党申请。1983年，经资深化学教授顾德麟鼓励，萌动了参加中国民主同盟的想法。经请示，得到答复是入盟离党更近了。于是经徐德修、钱万永介绍，正式加入了民盟，未曾想到入盟几乎改变了我的后半生。1985年，我被批准入了党。1987年民盟徐州市委换届，我被选为民盟徐州市委主委。当选前三个月，当得知要在换届中任职消息时，我不愿从事了半辈子的煤炭科技生涯被干扰，第一时间找到同班同学、时任矿大校长的彭世济，表示愿以露采专业为重，请他留人。不料彭校长回答这是中共徐州市委的意见，校长也无可奈何，我只得服从组织需要。

换届后，新民盟市委年龄、组成都发生了变化，参政、议政意识得到进一步加强，对于如何发挥民盟的智力优势有较强的愿望。大家感到：徐州市虽然拥有较好的自然优势，又处于淮海经济区的中心，但在江苏省内，仍属落后地区，企业效益差，拳头产品少，基础设施严重欠缺，生态环境恶化，人民生活水平较低，这些几乎是全国煤炭城市的共有特点。基于这共识，我建议由民盟市委牵头，组织盟内外专家，为徐州市建造一个中长期的发展战略模型，推动徐州市经济和社会较稳定地发展。该设想得到中共徐州市委领导的赞同。在1987年12月召开的民盟市委全委会上，委员们就此展开了热烈的讨论。会上29位委员多数表示赞同，但又担心盟员只熟悉教育，不太了解经济，生怕搞砸了影响民盟的声誉。经过会上的反复论证，最后《建造徐州市经济和社会发展模型（1990～2010年）的建议》被正式通过，上报徐州市委和徐州市政府。

① 此文已在《砥砺》一书中刊出。

# 开启参政议政生涯

1988年1月5日，市委、市政府正式批转了民盟市委的建模报告，指出："民盟的建议是积极的。搞得好，有利于市委、市政府对全市经济和社会进行科学决策和宏观指导。"该文下发全市、县委办、局公司，并同意拨款作"建模专项费"。3月，民盟市委组建了以中国矿大的盟员教授与副教授为主的"模型组"，并特地邀请民盟中央副主席、规划专家钱伟长教授和冯之浚教授为高级顾问，同时聘请本市几位专家为"特约研究员"。4月又派人赴山东滕州，向正在编制《滕州市发展战略规划》的同志们学习经验。之后，便着手模型的"总体设计"。5月开始调查、收集资料，同时经市科委上报省科委立项，9月份科委批复正式列为指令性项目。

我和模型组下去调查只能利用假期及休息日，事先要拟好资料提纲并约定时间，好在市委下了文，被调查的各县市和单位都热情接待，有的还准备了打印材料交模型组。应该说调查进行得相当顺利。1988年10月，利用民盟召开第六次全国代表大会的机会，我向钱伟长教授和冯之浚教授汇报了调查的初步结果，得到了他们的重要指导。在会上，我被选为民盟中央委员，同时兼任民盟江苏省委常委、江苏省人大常委、江苏省人大代表和徐州市人大代表，就这样，开启了参政议政生涯。

为了母校所在地的一方热土，总体设计拟定的建模步骤大体分为六个阶段，即总体设计、调查分析、战略研究、建造模型、综合评价、报告鉴定，阶段之间略有交叉。目标是在全国一盘棋前提下，推动徐州市经济和社会持续、协调地发展，逐步实现各种资源的最佳配置。模型边界在广度上选择了徐州市的24个行业，其中农业3个，工业15个，服务业6个。其产值占全市的76%，从业人员占全市的89%，因而有足够的覆盖面。深度上以行业和区县为单位，实践证明，模型组确定的系统边界是合适的。

虽然各自从事的专业不同，矿大模型组成员们为了母校所在地这一方热土建模，都投入到系统论、控制论、线形回归、系统动力学和模糊数学等方法论的学习与运算中，边干边学，充分发挥了各自的智力优势。以整个模型的基础——人口模型为例，在当前的人口预测上，精度超过市统计局的数据，实际误差仅6%，与全国1%人口普查的误差相同，说明人口误差有相当高的可信度。预测1994和2022年徐州市的两个生育高峰，并分析出控制人口的关键不在"重男轻女"，而在控制"多胎率"。

模型组还结合新中国成立以来的发展历程，认识到编制战略规划最普遍的失误就是提出一个难以达到的高速度。接受40年来我国经济基本上沿着：高速—失调—调整—发展—再高速，周而复始的经验，我带领模型组大胆地对驱动模型的速度因子提出三种格局，即高速型（GDP年增15%）、中速型（GDP年增9%）和协调型（GDP年增7%），推荐方案以协调型为主。为了提高模型的可操作性，对规划的21年做了分期：1990～1995年共6年为调整期，主要任务是调整产业结构；1996～2000年为起步期，主要任务是加强农业，强化内涵增长；最后是2001～2010年为发展期，共10年，主要任务是完善以经济效益为中心，使徐州逐步建成名副其实的淮海经济区中心城市。

为了优化方案比选，“模型组”研究出了“三生”评估指标体系，即生产指标9个，反映方案的经济效益；生活指标4个，反映方案的社会效益；生态指标3个，反映方案的生态效益。通过“三生”指标体系评选出来的方案一般具有可持续性，避免了单纯用生产指标比选方案的片面性。综合评价表明：模型建造的方法是科学的，优化的成果是可信的，推行的方案是稳妥而又积极可行的，具有较好的可操作性。模型中还提出了十条政策性建议，通过模型的实施必将把徐州市建设成为工农业协调发展、服务质量优良、人民生活富裕、环境优美、社会安定和谐的城市。

## 建模工程牵动了有关部门和专家的心

高级顾问钱伟长教授和冯之浚教授始终关心、指导着建模工作，多次询问进展情况并及时予以鼓励和启示。中共徐州市委也十分重视，在不到两年的时间里，先后组织听取建模进展汇报达5次，给了“模型组”巨大的支持。我在完成48万字的初稿后，即上报民盟中央区域发展委员会和民盟江苏省委审查，得到民盟中央同意后，向江苏省科委申请鉴定。江苏省科委在徐州市召开了评审会，评审组由省委邀请的13位专家组成，中科院学部委员周立三担任组长。评审会一致认为，该项目的研究工作是成功的，在我省大中城市经济和社会发展的研究中属于首创。模型目标选择比较合理，研究成果具有可操作性，对于政府部门制定中长期发展规划具有重要参考价值，研究成果具有国内先进水平。评审会还强调指出：建模充分体现了民盟徐州市委同志们具有高度的爱国热情和参政议政的积极性。该项目的研究成功是坚持与完善党盟合作的生动事例。

在评审会议期间，民盟中央委托民盟江苏省委召开了民盟区域规划与咨询工作经验交流会，民盟中央主席费孝通（因钱伟长要去武汉，改由费老带队来徐）、副主席高天、冯之浚，以及民盟中央部分领导同志、13个省市盟的领导同志出席。江苏省副省长杨泳沂、省委统战部部长沙人麟、江苏民盟省委主委陈敏之，以及徐州市的党政领导也都参加了会议。会议在徐州市引起了轰动效应，中国矿大在徐州社会上的影响也迅速扩大。

在一年半的时间里，以矿大为主的18位同志利用业余时间和假期，完成了一个有764万人口、11 000多面积、24个行业、时间跨度达21年的庞大系统工程。仅模型使用的数据就达60万个，“模型组”付出了辛勤的劳动，也赢得了人们的赞许和尊重。《徐州市经济和社会发展模型（1990～2010年）》于1990年荣获江苏省哲学社会科学优秀成果二等奖（全省共4个〉。时隔20年之后，2012年9月29日在江苏省委召开的纪念钱伟长诞辰100周年纪念会上，中共江苏省委书记罗志军的总结讲话中还提到钱老指导的徐州建模工作是党盟合作的事例，足见影响之深远。

## 在“徐州市专家咨询工作团”的日子里

2000年，我应胡汉民团长之邀，辞去了市政府经济和社会发展咨询委员会主任委员的职务，加入了“徐州市专家咨询工作团”。专家团由部分退下来的中层领导干部自愿组织，发挥余热。该团的中心工作是围绕市政府的主要任务，组织徐州市工业经济论坛，为发展徐州市经济出谋划策。主报告由专家团起草完成，论坛其他论文由专家团组织在徐高校与企业完成。主报告命题后，通过讨论拟出资料提纲，安排调查，再拟出初稿，经各位专家讨论1至2次，修改后定稿。

由于过去从事咨询委工作，以及语文功底较好，加入专家团后，我即成为执笔的主力，先后完成了六届工业经济论坛的主报告。现在在案可查的有：《徐州市建材工业发展战略研究》（首届工业经济论坛，2002年）；《江苏北方氯碱集团改革发展与煤电化联营研究》和《关于建设建材机械产业群的建议》（二届，2003年）；《贯彻科学发展观，加快东陇海产业带建设》（三届，2004年）；《徐州市高新技术产业带建设》（四届，2006年）；《浅谈徐州市的人才战略》（五届，2007年）；《把徐州市工程机械和专用车辆打造成千亿元产业》（六届，2008年）。

主报告通常会在论坛会上宣读，并为市政府做重要参考。2008年后，主报告改由中国矿大年轻教授高伟接班。除起草主报告外，专家团还面向企业服务。为此，我还完成了《徐州海鹏轮胎有限公司脱困增盈措施研究报告》、《徐州盛宝实业有限公司发展战略研究》和《同德农资物流园研究报告》等。就参加的各届主题研究报告和企业研究报告来看，专业范围已远远超出矿业。从1978年我开始参政议政起，一晃又是30年。

## 我的一些感悟

人生是不平坦的，方向找对了，就需要自强不息，学会在大风大浪中游泳，在知识海洋中攫取，才能到达胜利的彼岸。我刚接受参与筹建新中国露天专业不久，便遇上政治风暴，离校下放劳动，支援边区办学。我没有为此气馁，把它看作是接触实际、全盘打造自己的良好机会。在母校需要我回归时，经过权衡，我心甘情愿地去了四川矿院，那座建在华蓥山脚下的干打垒母校，愿把我20年扎根基层、接触实际所得，毫无保留地为培养新时期的学子奉献。回到母校后，我再次把入党申请递交给了党组织。当我正在露天开采教学与学术上取得进展、崭露头角时，组织上需要我参政议政，为徐州市的发展做出奉献，我没有因离开我的主业、无报酬地占用许多个人时间而烦恼，而是服从需要，真心诚意地去适应，把个人研究方向从此以一变为二，一心一意地为母校所在地一方热土奉献自己的智慧与才干。

对待大风大浪这样，在知识海洋中攫取又何尝不需自强不息呢？为了开好露天专业课，我到北京铁道学院进修一年，高强度地学习了除商务外的20门课。我在昆明煤矿设计院时，工作从不挑拣，除设计、施工、咨询、评审等常规作业外，还担任驻地质队的地质代表，驻施工单位的施工代表。干就要干好，把一个高校教师锻炼成为有理论、有实际又有丰富知识与经验的专业人才。这一切对我参政议政起了巨大作用，我不仅胜利地完成了建模任务，也因受建模影响，民盟七大被继续提名连任民盟中委，并被连续聘为徐州市政府多届经济社会咨询委主任委员，以致以后的专家咨询团工作，从“建模突击战”，转变成“参政议政持久战”。我再接再厉地从知识海洋中攫取，胜利地完成了徐州市多行业发展的咨询主报告。没有广博的基础知识，没有孜孜以求、为国作奉献的改行再学习情怀，是难以完成的。我为给母校所在地一方热土做出的奉献感到高兴，为给母校对外交往中增添了光彩而高兴。

# 附一:于汝绶独立或合作、参与出版过的主要图书

1.《露天采矿学》,(苏)耶·弗·舍什科著,于汝绶、骆中洲、彭世济合译,燃料工业出版社出版,出版日期1955年3月。

2.《露天矿边界设计》,(苏)里热夫斯基(自译,笔名左敬之),冶金工业出版社出版,出版日期1958年。

3.《露天采矿手册》,煤炭工业出版社,出版日期1985年4月。

4.《采矿工程》,中国劳动出版社,出版时期1990年8月。

5.《露天煤矿施工及验收规范(国标GB50175－93)》,中华人民共和国原煤炭工业部1993年2月19日发布。

6.《露天采矿学》(合编),中国矿业大学出版社出版,出版日期1990年12月。

7.《露天矿设计理论分析》,中国矿业大学出版社出版,出版日期1988年10月。

8.《露天采矿优化理论与实践》(合著),煤炭工业出版社出版,出版日期2005年4月。

# 附二:于汝绶独立或合作发表过的主要论文

1.《露天矿合理规模的确定》

2.《当量经济剥采比新概念》

3.《露天矿设计理论的新发展》

4.《开采工艺设备》

5.《防治露天矿煤炭自燃的开采技术措施》

6.《浅析露天矿经济剥采比》

7.《以市场为导向走煤矸石深加工之路——关于利用云南省煤矸石生产》

8.《如何提高露天煤矿在市场中的应变能力》

9.《煤矸石制取含铝产品的研究进展》

10.《近水平矿床露天矿采区的过渡方式》

# 附三:于汝绥独立或合作发表过的主要报告

1.《特大煤田露天开发研究》

2.《我国露天煤矿现状调查及规划建设》

3.《露天开采设计规划综合优化》

4.《徐州市经济和社会发展模型》

5.《徐州市建材工业发展战略研究》

6.《江苏北方氯碱集团改革发展与煤电化联营研究》

7.《关于建设建材机械产业群的建议》

8.《贯彻科学发展观,加快东陇海线产业带建设》

9.《徐州市高新企业技术产业现状与发展对策研究》

10.《浅谈徐州市的人才战略》

11.《把徐州市工程机械和专用车辆打造成千亿元产业》

12.《徐州海鸥轮胎有限公司脱困增盈措施研究报告》

13.《徐州市盛宝实业有限公司发展战略研究》

14.《同德农资物流园可行性研究报告》

15.《云南文山州煤业有限责任公司普阳矿区露大开采境界优化研究报告》

16.《云南楚雄州吕合煤业有限责任公司长坡露天煤矿扩建工程研究报告》

17.《徐州万邦重科平地机智能化改造项目可行性研究报告》

18.《云南省先锋露天煤矿北帮滑坡治理的思路与建议报告》

于汝绥

# 我的中国矿业情缘